AF895336

FRANZ-JOSEPH PEINE

Kodifikation des Landesumweltrechts

Schriften zum Umweltrecht

Herausgegeben von Prof. Dr. Michael Kloepfer, Berlin

Band 69

Kodifikation des Landesumweltrechts

Zur „Möglichkeit“ und zum „Aussehen“ eines Landesumweltgesetzes

Von

Franz-Joseph Peine

Duncker & Humblot · Berlin

Die Deutsche Bibliothek – CIP-Einheitsaufnahme

Peine, Franz-Joseph:
Kodifikation des Landesumweltrechts : zur „Möglichkeit" und zum „Aussehen" eines Landesumweltgesetzes / von Franz-Joseph Peine. – Berlin : Duncker und Humblot, 1996
(Schriften zum Umweltrecht ; Bd. 69)
ISBN 3-428-08652-X
NE: GT

Fotoprint: Berliner Buchdruckerei Union GmbH, Berlin
Printed in Germany

ISSN 0935-4247
ISBN 3-428-08652-X

Gedruckt auf alterungsbeständigem (säurefreiem) Papier
entsprechend ISO 9706 ♾

Vorwort

Eine erste Fassung dieser Studie wurde dem Ministerium für Umwelt, Naturschutz und Raumordnung des Landes Brandenburg als Gutachten im Januar 1995 vorgelegt. Stellvertretend für die Mitarbeiterinnen und Mitarbeiter des Ministeriums danke ich Frau Andrea Sander und den Herren Bode und Dr. Wasilewski. Für die Druckfassung habe ich den Text an einigen Stellen überarbeitet. Für Hilfe habe ich meinen Göttinger Mitarbeitern Silke Gantzckow und Gert Haferkamp zu danken. In den Anmerkungen verarbeitet ist die Studie "Denkschrift für ein Umweltgesetzbuch" aus dem Bundesministerium für Umwelt, Naturschutz und Reaktorsicherheit; sie ist noch nicht veröffentlicht.

Es ist selbstverständlich, darauf hinzuweisen, daß die in dieser Schrift niedergelegten Ansichten ausschließlich die Ansichten des Verfassers sind.

Göttingen, im Dezember 1995 Franz-Joseph Peine

Inhaltsverzeichnis

Abkürzungsverzeichnis

a.D.	außer Dienst
aaO	am angegebenen Ort
AbfG	Abfallgesetz
abgedr.	abgedruckt
Abl.	Amtsblatt
Abt.	Abteilung
AöR	Archiv des öffentlichen Rechts
Art.	Artikel
AsylvfG	Asylverfahrensgesetz
AT	Allgemeiner Teil
Aufl.	Auflage
Bbg	Brandenburg, brandenburgisch
BbgNatSchG	Brandenburgisches Naturschutzgesetz
BbgVerf.	Brandenburgische Verfassung
BbgWG	Brandenburgisches Wassergesetz
Bd.	Band
BGB	Bürgerliches Gesetzbuch
BGBl.	Bundesgesetzblatt
BImSchG	Bundesimmissionsschutzgesetz
BNatSchG	Bundesnaturschutzgesetz

BodSchG	Bodenschutzgesetz
Brat	Bundesrat
BRat-Drs.	Bundesratsdrucksache
BT	Besonderer Teil
Btag	Bundestag
BTag-Drs.	Bundestagsdrucksache
BUND	Bund für Umwelt und Naturschutz Deutschland e.V.
BVerfGE	Entscheidungssammlung des Bundesverwaltungsgerichts
bzw.	beziehungsweise
ca.	circa
d.h.	das heißt
DÖV	Die öffentliche Verwaltung
Dr.	Doktor
Drs.	Drucksache
DVBl.	Deutsches Verwaltungsblatt
DWiR	Deutsche Zeitschrift für Wirtschaftsrecht
e.V.	eingetragener Verein
EG	Europäische Gemeinschaft
etc.	et cetera
EuGH	Europäischer Gerichtshof
evtl.	eventuell
EWG	Europäische Wirtschaftsgemeinschaft
f.	die folgende Seite
FAZ	Frankfurter Allgemeine Zeitung

FCKW	Fluorchlorkohlenwasserstoffe
ff.	die folgenden Seiten
FS	Festschrift für
Gbl.	Gesetzblatt
gem.	gemäß
GenTG	Gentechnikgesetz
GewA	Gewerbearchiv
GG	Grundgesetz
ggf.	gegebenenfalls
GVBl.	Gesetz- und Verordnungsblatt
Hrsg.	Herausgeber
i.d.F.	in der Fassung
i.e.S.	im engeren Sinne
i.S.	im Sinne
i.V.m.	in Verbindung mit
IUR	Informationsdienst Umweltrecht
JA	Juristische Arbeitsblätter
Jura	Juristische Ausbildung
JuS	Juristische Schulung
JZ	Juristenzeitung
KJ	Kritische Justiz
Komm.	Kommentar
KrWG	Kreislaufwirtschaftsgesetz
LAbfVG	Vorschaltgesetz zum Abfallgesetz für das Land Brandenburg

LImSchG	Landesimmissionsschutzgesetz, Vorschaltgesetz zum Brandenburgischen Immissionsschutzgesetz
LKV	Landes- und Kommunalverwaltung
LNatSchG	Landesnaturschutzgesetz
LOG	Landesorganisationsgesetz
LPlG	Landesplanungsgesetz
LStrG	Landesstraßengesetz
LWG	Landeswassergesetz
m.E.	meines Erachtens
Nachw.	Nachweis
NJW	Neue Juristische Wochenschrift
Nr.	Nummer
NVwZ	Neue Zeitschrift für Verwaltungsrecht
NWVBl.	Nordrheinwestfälische Verwaltungsblätter
PolVj	Politische Vierteljahresschrift
Rn.	Randnummer
S.	Seite
s.	siehe
sächs.	sächsisch
SGB	Sozialgesetzbuch
sog.	sogenannt
Sp.	Spalte
TA-Boden	Technische Anleitung Boden
u.	unten, und
u.a.	und andere

UGB	Umweltgesetzbuch
UGB-AT	Umweltgesetzbuch Allgemeiner Teil
UGB-BT	Umweltgesetzbuch Besonderer Teil
UPR	Umwelt- und Planungsrecht
UTA	Umwelttechnik-Aktuell
UTR	Jahrbuch des Umwelt- und Technikrechts
UVP-G	Gesetz über die Umweltverträglichkeitsprüfung
v.	von
Verf.	Verfasser
VersR.	Versicherungsrecht
vgl.	vergleiche
VR	Verwaltungsrundschau
VwVfG	Verwaltungsverfahrensgesetz
WHG	Wasserhaushaltsgestz
z.B.	zum Beispiel
z.T.	zum Teil
z. Zt.	zur Zeit
ZAU	Zeitschrift für angewandte Umweltpolitik
ZfR	Zeitschrift für Rechtssoziologie
ZG	Zeitschrift für Gesetzgebung
ZRP	Zeitschrift für Rechtspolitik

A. Einführung

I. Die Aufgabenstellung: Die Möglichkeit eines Landesumweltgesetzes

Der Gedanke, das für ein Bundesland geltende Umweltrecht in einem einzigen Gesetzbuch - Landesumweltgesetz - zusammenzufassen, ist neu. Bislang gibt es in allen 16 Bundesländern Landesumweltrecht verteilt auf eine Vielzahl von einzelnen Gesetzen. Diese Art der Regelungstechnik entspricht der in diesem Jahrhundert weitgehend üblichen: Die Gesetzgeber erlassen "Einzelfallgesetze". Im Prinzip besitzen die Gesetzgeber zwei Möglichkeiten, das Instrument "Gesetz" zwecks Lösung von Problemen einzusetzen (in der Literatur wird insoweit vom "Stil des Gesetzes" gesprochen): Sie können entweder einzelne Probleme in einzelnen Gesetzen lösen mit der Existenz einer großen Zahl von Gesetzen als Folge, oder sie können sachlich zusammenhängende Fragen in einem einzigen Gesetz beantworten mit der Vermeidung von vielen isolierten Einzelgesetzen als Konsequenz. Diese zwei Möglichkeiten bilden die beiden Endpunkte einer gedachten Geraden, auf der die verschiedenen "technischen" Varianten der Gesetzgeber verzeichnet sind, auf ein Problem mit Hilfe des Erlasses eines Gesetzes zu reagieren. Der eine Endpunkt sei Einzelfallgesetz, der andere Endpunkt Kodifikation genannt. In Ansehung der Regelungstechnik - "Kodifikation" oder "Einzelfallgesetz" - lassen sich bei einer Rückschau auf die vergangenen 200 Jahre mehrere "Wellen" beobachten. Diese sind hier nicht nachzuzeichnen[1]. Festzustellen ist freilich, daß in der Zeit seit Bestehen der Bundesrepublik vorwiegend Einzelfallgesetze erlassen wurden. Die Einschränkung "vorwiegend" ist deshalb wichtig, weil auch Kodifikationen geschaffen wurden, z.B. das Baugesetzbuch, das Verwaltungsverfahrensgesetz, Teile des Sozialgesetzbuchs.

Der Gedanke der Kodifikation ist weder dem Gesetzgeber (gemeint ist das Parlament) noch der die Gesetzgebung vorbereitenden Ministerialbürokratie fremd geworden. Eine Kodifikation hat für alle mit dem Recht Befaßten den großen Vorteil, eine formelle Zersplitterung des Rechts zu vermeiden, die

---

[1] Vgl. dazu *Wieacker*, Privatrechtsgeschichte der Neuzeit; Merten/Schreckenberger (Hrsg.), Kodifikation gestern und heute - zum 200. Geburtstag des allgemeinen Landrechts für die preußischen Staaten.

notwendig bei Verwendung des Instruments "Einzelfallgesetz" eintritt. Gerade im Bereich des Umweltrechts, soweit es bundesweit gilt, hat der Zustand der vollkommenen Rechtszersplitterung dem Gedanken der Kodifikation neue Nahrung gegeben. Um einerseits formell die Rechtszersplitterung zu überwinden und um andererseits dem vorhandenen Umweltrecht materiell zu mehr Geltung zu verhelfen, wird an eine Kodifikation gedacht. Bislang war dieser Gedanke allein auf das Bundesrecht zentriert. Ob er auch landesrechtlich relevant sei, ist in der Fachdiskussion "out of focus". Die Studie untersucht, ob die Idee eines Landesumweltgesetzes als solche realisierbar ist.

II. Die Prüfungsmaßstäbe

1. Die relevanten Fragen

Folgende Fragen müssen positiv beantwortet werden, um die Idee eines Umweltgesetzbuches als realisierbar betrachten zu dürfen:

1. Die Idee eines Umweltgesetzbuchs des Bundes ist umstritten. Sie muß sich für den Bund als sinnvoll herausstellen. Sollte für den Bereich des Bundes die Kodifikation des Umweltrechts sinnlos sein, spricht - auf den ersten Blick - vieles dagegen, die Idee einer Kodifikation auf Landesebene weiterzuverfolgen.

2. Wenn eine Bundeskodifikation sinnvoll und praktisch machbar ist, stellen sich für eine Landeskodifikation folgende Probleme: a) Sind die für die Bundeskodifikation vorgetragenen Erwägungen auf die Landeskodifikation übertragbar? Mit anderen Worten: Ist der für die Bundesebene zu bejahende Sinn und Zweck eines Umweltgesetzbuchs in gleicher Weise für ein Landesumweltgesetz bedeutungsvoll? Sollte die Studie zu einem positiven Ergebnis gelangen, fragt sich: b) Gibt es auf Landesebene angesichts der infolge der Gesetzgebungskompetenz der Länder beschränkten "Rechtsmasse" genügend "Stoff", um die zu bejahende Idee eines Landesumweltgesetzes realisieren zu können? Insbesondere muß sich ergeben, daß für einen Allgemeinen Teil eines Landesumweltgesetzes genügend Stoff vorhanden ist. Die Ausdifferenzierung eines Landesumweltgesetzes in einen Allgemeinen Teil und in einen Besonderen Teil muß möglich sein. Dieser Aufbau ist typisch für eine Kodifikation, also für eine gesetzgeberische Zusammenfassung von Antworten auf eine inhaltlich zusammenhängende Menge von Fragen. Ein Landesumweltgesetz muß formal über eine bloße Aneinanderreihung und paragraphenmäßige Durchnumerierung des Stoffes hinausgehen, weil ein Verbleiben bei letzterem

eine sachliche Täuschung wäre und den Titel "Landesumweltgesetz" zu Unrecht trüge.

Diese Diskussion betrifft das Umweltrecht eines jeden Bundeslandes. Der in dieser Studie häufig vorgenommene Rückgriff auf die rechtliche Situation des Landes Brandenburg ist lediglich beispielhaft. Für jedes Bundesland läßt sich deshalb nach Abschluß der Diskussion eine Aussage treffen, ob ein Landesumweltgesetz möglich ist. Unabhängig davon gibt es eine spezifisch brandenburgische Situation, die zweierlei kennzeichnet: zum einen die Situation der Gesetzgebung in einem neuen Bundesland, zum anderen der denkbare Zusammenschluß mit dem Bundesland Berlin zu einem neuen Bundesland. Diese Situation ist besonders zu bedenken, bevor auch für Brandenburg die Möglichkeit eines Landesumweltgesetzes zu bejahen ist.

3. Wenn die Möglichkeit bejaht wird, generell für alle Bundesländer und speziell wegen der besonderen Situation auch für Brandenburg ein Landesumweltgesetz zu schaffen, ist nach seiner inhaltlichen Reichweite und seinem Aufbau zu fragen. Zu erörtern ist insbesondere, ob Regelungsgegenstände, die bislang in einem anderen Zusammenhang gesetzlich "verortet" wurden - z.B. die Raumplanung mit ihren umweltrechtlichen Bezügen -, in ein Landesumweltgesetz integriert werden können. Speziell für das Land Brandenburg ist zu fragen, ob sein denkbares Landesumweltgesetz in Ansehung von Zielvorstellungen und Leitbildern ein spezifisches Profil erhalten kann.

Daß das vorhandene Landesumweltrecht formal in einem einzigen Gesetz zusammengefaßt werden kann, ist problemlos möglich. Diese Zusammenfassung bildet aber noch keine Kodifikation, die diesen Namen auch verdient. Bei positiven Antworten auf diese Fragen müßte sich im Ergebnis folgendes abzeichnen:

- Die für eine Kodifikation typische Differenzierung der Regelungen in einen "Allgemeinen Teil" und in einen "Besonderen Teil" müßte möglich sein, weil genügend mehrfach vorhandener und der Sache nach gleich geregelter Rechtsstoff "vor die Klammer" gezogen werden kann. Diese Differenzierung müßte als Folge vermiedener Mehrfachregelungen zu einer Reduzierung der Stoffmasse führen.
- Die mit einer Kodifikation verbundenen Ansprüche: leichtere Erreichbarkeit dessen, was Recht ist; Überschaubarkeit dessen, was Recht ist; Stärkung des Bewußtseins der Bürgerinnen und Bürger für das, was Recht ist - alles in allem: Der Zugang zum Umweltrecht und dessen Verinnerlichung zwecks

Schutzes der Lebensgrundlagen für die heute und später Lebenden müßten eher möglich sein als aufgrund der bisherigen Rechtslage.

Erst wenn auch die zuletzt genannten Ansprüche erfüllt sind, ist m.E. ein Rechtsfortschritt zu verzeichnen. Die "Möglichkeit" eines Umweltgesetzes für das Land Brandenburg wird erst dann bejaht, wenn dieser Rechtsfortschritt zu bejahen ist.

2. Der Kriterienkatalog

Den aufgeworfenen Fragen läßt sich folgender Kriterienkatalog für die Beantwortung der Frage entnehmen, ob ein eine inhaltliche Kodifikation darstellendes Landesumweltgesetz möglich ist:

- Möglichkeit eines Umweltgesetzbuchs des Bundes
- Möglichkeit eines Landesumweltgesetzes
- Gelten die Erwägungen für das Bundesrecht auch für das Land?
- Gibt es genügend Stoff für ein Landesumweltgesetz, welches den Kriterien einer Kodifikation genügt?
- Stehen speziell das Land Brandenburg betreffende Erwägungen einer Landeskodifikation des Umweltrechts entgegen?

Die hier dargelegten Kriterien sind noch näherer Betrachtung bedürftig. Diese Betrachtung erfolgt an geeigneter Stelle.

III. Der Aufbau der Untersuchung

Die Beantwortung der aufgeworfenen Fragen erfolgt in der Reihenfolge, in der sie gestellt wurden. Unter B. wird die Möglichkeit eines Umweltgesetzbuchs des Bundes untersucht. Dieser Analyse folgt unter C. die Befassung mit dem Problem, ob entsprechend den dargelegten Kriterien Landesumweltgesetze im allgemeinen möglich sind und entsprechend der besonderen Situation im Land Brandenburg für Brandenburg der Erlaß eines Umweltgesetzes ein sinnvolles Unterfangen ist. Die gefundenen Ergebnisse werden unter D. zu einem Zwischenergebnis zusammengefaßt. Teil E. stellt denkbare Leitgedanken und Inhalte eines Landesumweltgesetzes für Brandenburg vor. Es handelt sich im wesentlichen um Vorschläge für die Inhalte des Allgemeinen und des Besonderen Teils - um Vorstellungen des Verfassers darüber, wie das Gesetz unter Berücksichtigung rechtspolitischer Vorstellungen sowie Anregungen der Mitarbeiterinnen und Mitarbeiter des Landesumweltministeriums von Brandenburg "aussehen" könnte. Daran schließt sich unter F. ein Gliederungsvorschlag an, der die denkbaren Inhalte eines Landesumweltgesetzes für Brandenburg verarbeitet. Unter G. wird dargelegt, daß die erarbeiteten Kriterien erfüllt sind, die den Erlaß eines Umweltgesetzes für das Land Brandenburg als Rechtsfortschritt erscheinen lassen. Unter H. werden die Einzelergebnisse der Studie in Thesen zusammengefaßt.

B. Der Erlaß eines Umweltgesetzbuchs des Bundes als Rechtsfortschritt

Um die Frage bejahen zu können, ob der Erlaß eines Umweltgesetzbuchs des Bundes einen Rechtsfortschritt darstellt, müssen folgende Teilfragen beantwortet werden: Bestehen für das Bundesumweltrecht Kodifikationsreife, Kodifikationsmöglichkeit, Kodifikationswunsch und Kodifikationsvorteile? Die Erfüllung dieser vier Kriterien ist notwendige, aber auch hinreichende Bedingung für den Erlaß einer bundesweit geltenden Kodifikation. Weitere Kriterien sind nicht ersichtlich. Insbesondere ist bedeutungslos eine positive Prognose des Inhalts, daß der Gesetzgeber bei Bejahung der vier Kriterien auch ein Umweltgesetzbuch des Bundes erlassen werde.

I. Die Kennzeichen des gegenwärtigen Umweltrechts

Voraussetzung für die Kodifikationsreife eines Rechtsgebiets ist seine Abgrenzbarkeit von anderen Rechtsmaterien sowie seine innere Zerrissenheit. Die Erfüllung dieser beiden Kriterien ist notwendige, aber auch hinreichende Bedingung. Weitere Kriterien sind nicht ersichtlich. Daß die beiden genannten Kriterien notwendig erfüllt sein müssen, liegt auf der Hand und bedarf weiterer Analyse nicht.

1. Abgrenzbares Rechtsgebiet

Der Begriff "Umweltrecht" entbehrt im positiven Recht der Bundesrepublik Deutschland einer Definition. Auch der vorgelegte "Professoren-Entwurf" eines Allgemeinen Teils eines Umweltgesetzbuchs enthält eine Begriffsbestimmung nicht[2].

---

2 S. *Kloepfer/Rehbinder/Schmidt-Aßmann/Kunig*, Umweltgesetzbuch - Allgemeiner Teil, Berichte 7/90 des Umweltbundesamtes.

Entstanden ist der Begriff "Umweltrecht" Ende der 60er Jahre.[3] Auf die Abgrenzung eines bestimmten Rechtsgebiets von anderen Materien zielte sein Einsatz nicht ab. Seine Verwendung hatte ausschließlich beschreibenden Charakter. Der Begriff umfaßte lediglich eine Addition unterschiedlichster Normen, die in irgendeiner Weise dem Schutz der Umwelt zu dienen bestimmt waren und die dem Verwaltungs-, Privat- und Strafrecht zugehörten[4]. Normen zum Schutze der Umwelt entstanden seit dem Beginn der 70er Jahre in großem Umfang. In dieser Zeit erlebte das Umweltrecht einen großen Aufschwung. Zur gleichen Zeit begann die Diskussion um das Umweltrecht als ein eigenständiges Rechtsgebiet. Freilich wurde dem Umweltrecht noch in der Mitte der 70er Jahre die Fähigkeit abgesprochen, eine zusammenhängende und eigenständige Materie zu bilden[5].

Für die negative Einschätzung waren insbesondere die Verstreutheit der Normen über große Bereiche der gesamten Rechtsordnung sowie die Vielzahl von Gesetzen, Rechtsverordnungen und Verwaltungsvorschriften mit direkten oder indirekten Bezügen zum Umweltrecht ausschlaggebend. Dieser Zustand des Umweltrechts sorgte und sorgt weiterhin für ein verwirrendes Bild. Gleichwohl wird das Umweltrecht heute überwiegend als ein eigenständiges Rechtsgebiet betrachtet. Anfängliche Zweifel, es könnte sich bei ihm möglicherweise nur um eine "rechtspolitische Modeerscheinung" handeln[6], sind weitgehend überwunden[7].

Die Überwindung der Zweifel beruht auf folgendem: Trotz des nicht auf einen bestimmten Lebensbereich beschränkten problembezogenen Querschnittcharakters des Umweltrechts haben sich Funktionen, Strukturen und Prinzipien des Umweltrechts herausgebildet, die sich zu charakteristischen und überlebensfähigen Konturen verdichtet haben. Diese Konturen haben "materielle" Qualität; sie gehen über die bloß formale Aufzählung und Addition bestimm-

---

3 S. zum folgenden *Riedel*, Das Vorhaben der kodifikatorischen Vereinheitlichung des Umweltrechts, S. 29 ff.

4 S. *Steiger*, Umweltrecht - Ein eigenständiges Rechtsgebiet?, AöR 1992, S. 100.

5 *Kimminich*, Das Recht des Umweltschutzes, S. 11 ff.

6 S. *Meßerschmidt*, Gesetzgebungsseminar im Umweltrecht, JURA 1985, S. 218.

7 *Bender/Sparwasser/Engel*, Umweltrecht - Grundzüge des öffentlichen Umweltschutzrechts, Rn. 13 ff.; *Breuer*, Umweltschutzrecht, in: Schmidt-Aßmann (Hrsg.), Besonderes Verwaltungsrecht, Rn. 36 f.; *Erbguth*, Rechtssystematische Grundfragen des Umweltrechts, 1987, S. 48 ff.; *Hoppe/Beckmann*, Umweltrecht, § 1 Rn. 67 ff.; *Kloepfer*, Umweltrecht, 1989, § 1 Rn. 41; *Storm*, Umweltrecht, S. 24; *Winter*, Perspektiven des Umweltrechts, DVBl. 1988, S. 659 ff.

ter Einzelgebiete hinaus. Als ein Beispiel für die Richtigkeit der Aussage, das Umweltrecht werde durch Strukturen materieller Qualität gekennzeichnet, sei auf das Vorsorge-, Verursacher- und Kooperationsprinzip verwiesen. Diese Prinzipien sind für das heutige Umweltrecht grundlegende Prinzipien[8], ähnlich wie im Zivilrecht die Privatautonomie. Diese Prinzipien erstrecken sich über weite Teile des Umweltrechts. - In Lehre und Forschung hat sich das Umweltrecht einen festen Platz erobert; an den Universitäten wurden beispielsweise spezielle Lehrstühle für die Lehre und Erforschung des Umweltrechts eingerichtet. Eine hohe Akzeptanz für das Umweltrecht als eigenständiges Rechtsgebiet ist auch in der sozialen Realität zu beobachten, speziell in der juristischen Gesellschaft: Der Deutsche Juristentag hat eine spezielle umweltrechtliche Abteilung eingerichtet; es besteht eine "Gesellschaft für Umweltrecht". - Freilich ist das Umweltrecht unter dem Aspekt systematischer Dichte und dogmatischer Durchdringung noch nicht klassischen Rechtsgebieten vergleichbar. Es entspricht aber der Sachlage, wenn hervorgehoben wird: Die dem Umweltschutz dienenden Vorschriften haben nunmehr eine solche Regelungsdichte erreicht, daß sie ein eigenes komplexes und "von anderen Gesetzen unterscheidbares Normenwerk"[9] darstellen.

Wenn dem in der Tat so ist, müßte sich in der Literatur eine Definition des Begriffs "Umweltrecht" finden lassen. Die Definition ist existent. Allgemein wird das Umweltrecht heute als ein einheitliches Rechtsgebiet definiert, das "die Gesamtheit der Rechtsvorschriften" umfaßt, "die dem Schutz und der Pflege der natürlichen Lebensgrundlagen des Menschen oder der Umweltpflege zu dienen bestimmt sind"[10].

Das Umweltrecht ist nach alledem als ein abgrenzbares Rechtsgebiet zu betrachten. Wie zutreffend herausgestellt wird, bleibt die Abgrenzung des Umweltrechts von anderen Rechtsmaterien gleichwohl deshalb schwierig, weil die Problemstellung des Umweltschutzes eine "problembezogene Querschnittsaufgabe"[11] bildet, umweltschutzbezogene Regelungen fast über die gesamte Rechtsordnung verstreut sind und nahezu alle traditionellen rechtssystematischen Klassifizierungen überspringen. Normen des Umweltrechts finden sich zunächst in umweltspezifischen Gesetzen, d.h. in Gesetzen mit primär umweltbezogenem Charakter, etwa im Bereich des Gewässer- oder Abfallbeseiti-

---

[8] Vgl. *Steiger*, AöR 1992, S. 107.

[9] Vgl. *Breuer*, aaO, Rn. 36 f.

[10] Vgl. statt vieler *Storm*, aaO, S. 10.

[11] Vgl. dazu *Peine*, in: Dreyhaupt/Peine/Wittkämper (Hrsg.), Umwelt-Handwörterbuch, S. 242 f.

gungsrechts, des Immissionsschutz- oder Strahlenschutzrechts oder des Rechts der "gefährlichen Stoffe". Daneben finden sich Umweltrechtsnormen aber auch weit verstreut in Gesetzen mit grundsätzlich anderen Zielsetzungen. Zu nennen sind beispielsweise die §§ 906 ff. BGB, die dem Umweltschutz dienen: Sie geben den Grundstückseigentümern privatrechtliche Abwehrmöglichkeiten gegen Immissionen von Nachbargrundstücken durch Einräumung entsprechender Ansprüche[12]. Auch das Strafgesetzbuch beinhaltet im Rahmen der §§ 324 ff. Normen mit umweltrechtlichem Bezug. Weitere umweltrelevante Vorschriften bestehen etwa im Bereich des Baurechts, des Flurbereinigungsrechts oder des Straßen- und Straßenverkehrsrechts. Wenn die immer häufiger geforderte ökologische Steuerreform geltendes Recht werden sollte, wird das Steuerrecht durchweg umweltspezifisch getönt sein. Auf den Umstand, daß Teile des Abgabenrechts, so das kommunale Gebührenrecht, bereits ökologische Züge tragen, sei nur am Rande hingewiesen.

Die breite Verteilung umweltrelevanter Regelungen bedeutet nicht den Verzicht auf eine Abgrenzung und Systematisierung des Umweltrechts. Es kann davon ausgegangen werden, daß das Umweltrecht als eigenständiges Rechtsgebiet dann angesehen werden kann, wenn eine hinreichend präzise und leistungsfähige Außenabgrenzung gefunden wird. In der Literatur existiert eine Außenabgrenzung mit diesem Anspruch, die ihn offensichtlich auch einlöst. Diese Außenabgrenzung wird rechtsgutbezogen vorgenommen. Rechtsgut ist der Umweltschutz. Umweltschutzbezug hat der Regelungsbereich einer Norm dann, wenn die Vorschrift Aussagen über Umweltschutzaktivitäten enthält und damit objektiv dem Schutz der Umwelt dient. Demzufolge umfaßt das Umweltrecht das "Sonderrecht des Umweltschutzes" - also solche Normen, die zu einer speziellen Regelung, d.h. zur Ungleichbehandlung der Umweltschutzaktivitäten gegenüber anderen Aktivitäten führt[13]. Rechtsgebietscharakter hat freilich allein das Umweltrecht i.e.S.: Zu diesem Kernbereich zählen das Naturschutz- und Landschaftspflegerecht, das Gewässerschutzrecht, das Bodenschutzrecht, das Immissionsschutzrecht, das Gefahrstoffrecht, das Strahlenschutzrecht, das Abfallrecht. Ferner bildet das in jüngster Zeit erlassene Gentechnikrecht einen Bestandteil des Umweltrechts i.e.S. Es wird zwar in diesem Zusammenhang kaum erwähnt. Der Grund für dieses Unterlassen ist aber rein äußerlich: Dieses Recht ist noch extrem jung. In der einschlägigen Lehrbuchliteratur konnte es deshalb noch nicht zur Darstellung gelangen. Das Gentechnikrecht begreift sich selbst als Umweltrecht. § 1 Nr. 1 GenTG stellt heraus, daß es Zweck des Gesetzes ist, Leben und Ge-

---

12 Vgl. *Sendler*, Grundprobleme des Umweltrechts, JuS 1983, S. 255.

13 Vgl. UGB-AT, aaO, S. 3.

sundheit von Menschen, Tieren, Pflanzen sowie die sonstige Umwelt in ihrem Wirkungsgefüge ... zu schützen und dem Entstehen von Gefahren vorzubeugen. Daß das Gentechnikrecht beim Gesundheitsminister und nicht beim Umweltschutzminister ressortiert, spricht jedenfalls nicht gegen seine Zuordnung zum Umweltrecht. Ressortzuständigkeiten sind für klassifikatorische Erwägungen irrelevant. Zuständigkeitsbestimmungen sollten Klassifizierungen folgen und nicht umgekehrt, wenn Klassifizierungen nach Sachgesichtspunkten erfolgen. Das ist hier der Fall. - Angesichts der außerordentlich großen Bedeutung des Klimas für das Leben muß auch das Klimaschutzrecht zum Umweltrecht i.e.S. zählen. Einschlägige Normierungen gibt es bislang freilich kaum.

Das Umweltrecht ist heute ein abgeschlossenes Rechtsgebiet. - Im folgenden wird das Umweltrecht in dem gerade dargelegten engeren Sinne verstanden.

2. Innere Zerrissenheit

Der relativen äußeren Geschlossenheit des Umweltrechts steht seine innere Zerrissenheit gegenüber.[14] Die innere Zerrissenheit oder auch inhaltliche Uneinheitlichkeit ist dem Umstand geschuldet, daß die einzelnen umweltspezifischen Fachgesetze mit Blick auf den Rechtsgüterschutz unterschiedlichen Ansätzen verpflichtet sind. Einige der Gesetze sind auf den Schutz bestimmter Umweltmedien ausgerichtet ("medialer Umweltschutz"). Andere Gesetze beziehen sich auf die von bestimmten Stoffen ausgehenden Gefahren ("kausaler Umweltschutz") oder dienen unmittelbar dem Schutz von Tieren und Pflanzen ("vitaler Umweltschutz"). Nur wenige Gesetze verfolgen einen "integrierten" Ansatz, sind also eingebunden in eine "übergreifende Aufgabenstellung und einen Zielkonflikt mit gegenläufigen Belangen"[15]. - Insbesondere in den 70er Jahren prägte die Entwicklung des Umweltrechts ein "medienbezogener Ansatz". Medienübergreifende Wirkungszusammenhänge wurden nicht ausreichend berücksichtigt[16]. Diese Art des Vorgehens darf dem Gesetzgeber nicht

---

[14] S. zum folgenden ausführlich *Riedel*, Das Vorhaben der kodifikatorischen Vereinheitlichung des Umweltrechts, S. 31 ff.

[15] Vgl. *Breuer*, aaO, Rn. 48; *Peine*, aaO, S. 244.

[16] Ebenso "Denkschrift" (s. Vorwort), S. 11: "Das geltende Umweltrecht hat sich sektoral, für die getrennt gedachten Umweltmedien entwickelt und wurde jeweils zumeist anläßlich bestimmter Unglücksfälle oder akuter Problemlagen fortgeschrieben. Medienübergreifende Ansätze kommen deshalb ebenso zu kurz wie Vorsorgestrategien, die an den maßgeblichen Quellen der Umweltbelastungen, insbesondere bei Pro-

zum Vorwurf gemacht werden. Er ist ein Kind seiner Zeit. Die Zeit war aber noch nicht reif für eine medienübergreifende Betrachtung der Probleme. Fachleute aus dem Bereich der Naturwissenschaften, die die Fakten zu liefern haben, auf die ein Umweltschutzgesetz antwortet, hatten die medienübergreifende Sicht der Dinge noch nicht zu der einzig angemessenen Sichtweise erklärt. Dieses zeigt sich insbesondere am Bundes-Immissionschutzgesetz; sein primäres Ziel war die Luftreinhaltung; daß Immissionen auch den Boden belasten können, geriet erst spät in den Blick.

Auch im Umweltrecht der 90er Jahre besitzen die klassischen Instrumente, mit denen einzelne Umweltprobleme durch Verlagerung des Schadstoffpotentials auf andere Umweltmedien "gelöst" werden, den Vorrang. Zwar werden verstärkt präventive Akzente gesetzt, doch kann ein grundsätzlich medienübergreifender Ansatz sowie eine "Ökologisierung des Umweltrechts i.S.d. Versuchs, von vornherein umweltverträgliches Verhalten, insbesondere umweltverträgliche Produktionsverfahren zu etablieren"[17], nicht in ausreichendem Maße durchgesetzt werden.

Ferner bestehen zwischen den einzelnen sektoralen Fachgesetzen Disharmonien. Für die behaupteten Diskrepanzen einige Beispiele: 1. Nach Ansicht des Bundesverwaltungsgerichts[18] kann neben der Anlagengenehmigungsbehörde auch die Wasserbehörde bei der Gestattung des Einleitens von Abwasser aus einem Kernkraftwerk Grenzwerte der radioaktiven Kontamination festsetzen[19]. 2. Im Immissionsschutzrecht ist nach § 17 Abs. 4 BImSchG eine Änderungsgenehmigung erforderlich, soweit eine nachträgliche Anordnung eine wesentliche Änderung bedingt und in der Anordnung nicht abschließend festgelegt ist, in welcher Weise sie zu erfüllen ist[20]. Im Atom- und Abfallrecht fehlt eine entsprechende Regelung. Während für das Atomrecht § 17 Abs. 4

---

duktionsverfahren und Produkten ansetzen und die Knappheit der Umweltgüter berücksichtigen."

17 *Murswiek*, Hoffen auf die große Krise, FAZ v. 26.10.1992, S. 38.

18 BVerwG, NVwZ 1988, S. 535 f.

19 *Breuer*, Empfiehlt es sich, ein Umweltgesetzbuch zu schaffen, ggf. mit welchen Regelungsbereichen?, Gutachten B zum 59. Deutschen Juristentag 1992, S. B 47.

20 *Fluck*, Die abschließend bestimmte nachträgliche Anordnung nach § 17 Abs. 4 BImSchG, UPR 1992, S. 326 ff.

BImSchG analog angewandt wird[21], herrscht im Abfallrecht die Auffassung vor, eine nachträgliche Anordnung dürfe gegenständlich nicht zu einer wesentlichen Änderung der Anlage führen, da eine solche Änderung nach § 7 AbfG zulassungspflichtig sei[22]. Trotz vergleichbarer Problemlage und ohne zwingenden Grund unterscheiden sich Atom- und Abfallrecht in dieser Frage deutlich. 3. Unterschiede bestehen hinsichtlich der Konzentrationswirkung einzelner umweltrechtlicher Genehmigungen. 4. Weitere Disharmonien lassen sich für "exekutivische Gestattungen"[23] und für den Umfang der "Präklusionswirkung unanfechtbar gewordener Zulassungsbescheide" feststellen.

Das Umweltrecht ist "innerlich zerrissen".

3. Konsequenz: Kodifikationsreife

Ein Rechtsgebiet, welches von anderen Rechtsgebieten hinreichend abgrenzbar ist und welches innere Zerrissenheit kennzeichnet, ist novellierungsbedürftig. Die Novellierung kann punktuell ansetzen und in Teilschritten erfolgen. Es spricht aber nichts dagegen, die Novellierung in einem einzigen Schritt vorzunehmen und ein einheitliches Gesetz zu schaffen, in dem das Umweltrecht zusammengefaßt wird. Dieses Gesetz sei als ein "codex" bezeichnet; hingewiesen sei darauf, daß dieser Begriff unter dem Aspekt seiner inhaltlichen Reichweite noch diskussionsbedürftig ist. Damit ist das Umweltrecht des Bundes kodifikationsreif[24].

Gegen die Kodifikationsreife des Umweltrechts werden drei Argumente vorgetragen, die sich aber im Ergebnis als nicht durchschlagend erweisen: (1.) Die Notwendigkeit einer Kodifikation wird bezweifelt[25]; (2.) die Kodifikation führe zu einer Zerreißung traditioneller Rechtsgebiete und Zusammenhänge, welche eine Rechtszersplitterung in den betroffenen Sachgebieten bedingen

---

21 *Siegmann*, Änderungsgenehmigungen im Atom- und Strahlenschutzrecht, S. 20 f.; *Richter*, Nachrüstung von Kernkraftwerken, S. 115 ff.

22 *Schwermer*, in: Kunig/Schwermer/Versteyl, Abfallgesetz, § 9 Rn. 17.

23 Ebenso Denkschrift (s. Vorwort), S. 12: "Sachlich nicht mehr begründbar ist insbesondere die unterschiedliche Ausgestaltung der verschiedenen umweltrechtlichen Zulassungsverfahren, die mit großem administrativem Aufwand betrieben werden müssen, der sehr viel dringender für die Überwachung umweltgefährdender Tätigkeiten und für andere Umweltschutzaufgaben eingesetzt werden müßten."

24 Ebenso UGB-AT, aaO, S. 4 ff.

25 *Ule*, FS Fröhler, 1980, S. 371.

würde[26]; (3.) es fehlten wissenschaftliche Vorarbeiten, welche zu einer nach einheitlichen Gesichtspunkten ausgerichteten Gesamtkonzeption führen könnten[27]. Diesen Einwänden stehen folgende, sie entkräftende Überlegungen gegenüber: Das Unbehagen an der Verstreutheit und Unübersichtlichkeit des Umweltrechts und die damit verbundenen Folgen sind nicht zu übersehen. Häufig wird die Unübersichtlichkeit des Umweltrechts beklagt. Ferner bringt die "sektorale Verfeinerung" es mit sich, daß in Unternehmen das Wissen über die einzuhaltenden Vorschriften gering ist und auch Behörden Schwierigkeiten haben. Dieses bedingt der Umstand, daß die Rechtsanwender "vor Ort" nicht Juristen, sondern Ingenieure und Techniker sind, die im Umgang mit kompliziertem Recht ungeschult sind. Folge der Unübersichtlichkeit ist ein Vollzugsdefizit im Umweltrecht. Das Vollzugsdefizit könnte durch eine größere Übersichtlichkeit des Umweltrechts verringert, wenn nicht verhindert werden[28]. Natürlich würde ein Umweltgesetzbuch traditionelle Zusammenhänge der geltenden Rechtsordnung zerreißen. Das Wasserrecht würde aus dem Gebiet des "Rechts der öffentlichen Sachen", dem es traditionell zugeordnet wird, herausgerissen werden. Es fehlt aber ein Dogma, welches die Beibehaltung traditioneller Einteilungskriterien zum Inhalt hätte. Im übrigen ist zu fragen, ob der Verlust "Zerreißung traditioneller Zusammenhänge" wirklich den behaupteten Umfang besitzt. Ein "Durchmustern" derjenigen Gebiete, die zum Umweltrecht im engeren Sinne zählen, bringt einen vollkommen anderen Befund: Das Naturschutzrecht zählt zu keinem der traditionellen Rechtsgebiete; das Luftreinhalterecht mit dem Anlagengenehmigungsrecht als Mittelpunkt gehört heute nur noch bedingt zum öffentlichen Wirtschaftsrecht, weil es sich von ihm wesentlich emanzipiert hat; das Bodenschutzrecht ist neu; das gleiche gilt für das Atomrecht und das Gentechnikrecht; das Recht der gefährlichen Stoffe und das Abfallrecht sind mehr als reines Ordnungsrecht, dem sie als Spezialrecht nur noch partiell zugehören. Die Verlustliste ist bereits heute kurz und erfaßt im wesentlichen nur das Wasserrecht; eine Kodifizierung des Umweltrechts ist für die Verlustliste bedeutungslos. Es bleibt ferner nicht beim Zerreißen weniger traditioneller Rechtsgebiete, sondern an dessen Stelle tritt

---

26 *Breuer*, Umweltschutzrecht, aaO, Rn. 55 f.; *Ule/Laubinger*, Empfehlen sich unter dem Gesichtspunkt der Gewährleistung notwendigen Umweltschutzes ergänzende Regelungen des Verwaltungsverfahrens- und Verwaltungsprozeßrechts?, Gutachten B für den 52. Deutschen Juristentag, 1978, S. B 9.

27 *Sendler*, UPR 1981, S. 1, 3.

28 *Storm*, Bundes-Umweltgesetzbuch, in: UTR, 1988, S. 59; *Hoppe/Beckmann*, Umweltrecht, aaO, § 2 Rn. 2.

ein neuer codex mit positiven Folgen. Dem dritten Einwand ist entgegenzuhalten, daß zwei Studien existieren, die Gesichtspunkte erarbeitet haben, nach denen eine Gesamtkonzeption des Umweltrechts erarbeitet werden könnte[29].

Die bereits konstatierte Kodifikationsreife des Umweltrechts ist nach alledem zu bejahen.

II. Die Rahmenbedingungen für eine Kodifikation

In Ansehung der Rahmenbedingungen für eine Kodifikation ist auf drei zu erfüllende Elemente hinzuweisen.[30] Die erste Bedingung betrifft die Gesetzgebungslehre: Der Begriff "codex" bedarf der Festlegung. Die zweite Bedingung ist gesellschaftsorientiert: Es muß die (bestrittene) Fähigkeit der Gesellschaft zur Kodifikation dargelegt werden. Die dritte Bedingung ist rechtstheoretischer Art: Die (bestrittene) Fähigkeit des Rechts zur Steuerung gesellschaftlicher Prozesse ist zu beweisen.

1. Der Kodifikationsbegriff

Der Kodifikationsbegriff fand Eingang in die Literatur mit dem Inhalt, ein ganzes Rechtsgebiet zu umfassen und möglichst vollständig in einem Gesetzbuch ("codex") zu regeln[31]. Dieser mit einem codex verbundene Anspruch beinhaltete ein Ideal: den Anspruch auf Ausschließlichkeit gegenüber allen anderen Rechtsquellen. Dieses Kodifikationsideal war praktisch undurchführbar. Es ist unvorstellbar, daß der Gesetzgeber alle erdenklichen Verhältnisse ein für allemal vorregeln kann. Den für die heutigen Juristen schönsten Beweis für die Richtigkeit dieser These liefert das noch in Geltung befindliche Bürgerliche Gesetzbuch. Sein Gesetzgeber beanspruchte, den dem Bürgerlichen Recht zugehörigen Rechtsstoff ausschließlich zu regeln. Er wollte ver-

---

29 *Kloepfer*, Systematisierung des Umweltrechts, Berichte 8/78 des Umweltbundesamtes; *Kloepfer/Meßerschmidt*, Innere Harmonisierung des Umweltrechts, Bericht 6/86 des Umweltbundesamtes.

30 Vgl. zum folgenden ausführlich *Riedel*, Das Vorhaben der kodifikatorischen Vereinheitlichung des Umweltrechts, S. 42 ff.

31 *Caroni*, Kodifikation, in: A. Erler/E. Kaufmann, Handwörterbuch zur deutschen Rechtsgeschichte, Bd. II, Sp. 907.

hindern, daß neben dem Bürgerlichen Gesetzbuch anderweitige Rechtsnormen Geltung haben oder künftig Geltung erlangen[32].

Diesen Anspruch löste der Gesetzgeber nicht ein; bereits kurz nach Inkrafttreten des Bürgerlichen Gesetzbuchs zeigte sich, daß diese Kodifikation "nicht weniger Lücken als Worte" beinhaltet[33]. Wenn es also dem Gesetzgeber unmöglich ist, dem Kodifikationsideal zu genügen, muß das mit einer Kodifikation inhaltlich Verbundene reduziert werden. Das Anforderungsprofil an den Kodifikationsbegriff ist in einer Weise zu formulieren, daß es erfüllbar erscheint. Die heute zu erfüllende Vorstellung von einer Kodifikation läßt sich wie folgt formulieren: Kodifikation ist als ein Rechtsprinzip zur systematischen Erfassung, Gliederung und Fortbildung des Rechts zu verstehen[34]. Diese Vorstellung von "Kodifikation" ist ersichtlich bescheidener und als Folge des bescheidenen Anspruchs realistisch: Eine Kodifikation zieht aus der Summe des vorhandenen Rechts unter einem bestimmten Aspekt diejenigen Rechtsnormen heraus, die dem vorgegebenen Gesichtspunkt genügen. Damit wird unter einem vorgegebenen Gesichtspunkt das vorhandene Recht systematisch erfaßt - es entsteht ein Teilsystem des Rechts. Der vorgegebene Gesichtspunkt kann überliefert oder auch neu, er kann weit oder eng sein - der Kodifizierende, in der Theorie der Forscher, in der Praxis der Gesetzgeber, hat freilich die Sinnhaftigkeit seines Tuns nachzuweisen. Vorliegend geschieht das für das Umweltrecht der Bundesrepublik und für das Land Brandenburg als dessen Teil. - System bedeutet nicht lediglich Addition von Normen, die einem bestimmten Gesichtspunkt genügen, sondern Gliederung der erfaßten Normen nach Untergesichtspunkten, die sich als für die Erfassung des Rechts sinnvoll herausgestellt haben: Einteilung in einen Allgemeinen und Besonderen Teil zwecks Vermeidung von Doppelnormierungen und Wiederholungen; Verwendung von Begriffen mit einem definierten Inhalt; Verwendung eines einheitlichen Sprachmusters; Strukturierung des Stoffes nach formalen und sachlich einschlägigen Kriterien; Reduktion der Stoffmasse ohne Verlust an inhaltlichen Aussagen durch Nutzung bestimmter Techniken wie z.B. Begriffsdefinitionen und Verweise; Zusammenfassung zusammengehörender

---

32 Vgl. *Gebhard* (Redaktor), Begründung der Vorschläge zu dem Entwurf eines Einführungsgesetzes zum Bürgerlichen Gesetzbuch sowie zu verschiedenen in Veranlassung der Einführung des Bürgerlichen Gesetzbuches erforderlich werdenden Abänderungen einzelner Reichsgesetze, bearbeitet vom Standpunkt des Allgemeinen Theiles. Vorlage des Redaktors Dr. Gebhard (1887), in: Schubert (Hrsg.), Die Vorlagen der Redaktoren für die Erste Kommission zur Ausarbeitung des Entwurfs eines Bürgerlichen Gesetzbuches, S. 39.

33 *Flavius*, Der Kampf um die Rechtswissenschaft, S. 15.

34 *Schmidt*, Die Zukunft der Kodifikationsidee, Vorwort.

Aussagen in einem Tatbestand. - Eine Kodifikation muß das vorgefundene und zusammenzufassende Recht fortbilden, um seine innere Harmonie entsprechend den vorgegebenen materiellen Gesichtspunkten herzustellen und zu sichern.

Gegen den Versuch des Gesetzgebers, eine Kodifikation in diesem Sinne zu erarbeiten, lassen sich Gegenargumente nicht finden. Traditionell wird auf den Umstand verwiesen, daß eine Kodifikation zwangsläufig lückenhaft sei. Der Gesetzgeber müsse versagen. Dieses Argument trifft den Gesetzgeber nicht. Ein Versagen ist - wenn überhaupt - erstens dann zu konstatieren, wenn der Handelnde hinter selbst gesetzten Ansprüchen zurückbleibt. Eine Kodifikation im dargelegten Sinne erhebt aber nicht den Anspruch, vollständig zu sein; nicht jeder denkbare sich in der Zukunft abspielende Fall ist vorhersehbar und deshalb bereits gesetzlich zu erfassen. Das Umweltrecht bietet für die Richtigkeit dieser Aussage die schönsten Belege: Vor der tatsächlichen Möglichkeit der Kernspaltung ein Atomrecht zum Schutze vor den Gefahren der Kernspaltung zu erlassen, wäre geradezu aberwitzig gewesen. Das gleiche gilt für die Gentechnik. Lücken in einer Kodifikation lassen somit nicht zwangsläufig auf ein Versagen des Gesetzgebers schließen. Ein Versagen ist - wenn überhaupt - ferner dann zu konstatieren, wenn der Gesetzgeber bewußt einem Problem die Lösung verweigert, obwohl eine Lösung von den relevanten Kräften als notwendig erachtet wird. In bestimmten Situationen kann die Verweigerung einer Problemlösung sogar sinnvoll sein: Lücken können bei Inkrafttreten einer Kodifikation bewußt gelassen werden, um eine dynamische Entwicklung von Lösungsmöglichkeiten aufgrund der fortschreitenden sachlichen und zeitlichen Veränderungen zu ermöglichen. Jedenfalls ist die nicht erreichbare und deshalb auch nicht anzustrebende Lückenlosigkeit einer Kodifikation nicht ein Argument, das die Möglichkeit und Erforderlichkeit von Kodifikationen grundsätzlich in Frage stellt. Das Bestreben des Gesetzgebers darf nicht darauf abzielen, Gesetzeslücken vollständig auszuschließen, sondern muß darauf orientiert sein, nicht notwendige oder sinnlose Gesetzeslücken möglichst zu verhindern[35]. Die unvermeidliche Lückenhaftigkeit und die "erdrückende Fülle des Stoffes"[36] lassen sich dann durch die Verwendung von generalklauselartigen Rechtssätzen und von Begriffen mit weitem Bedeutungsinhalt ausgleichen. Auf diese Weise wird eine größtmögliche Vollständigkeit erreicht.

Der Begriff "codex" ist "bescheiden" zu verstehen. Nur mit dem benannten reduzierten Bedeutungsgehalt ist die Verwendung dieses Begriffs sinnvoll. Im

---

35 *Canaris*, Die Feststellung von Lücken im Gesetz, S. 71 ff.

36 *Hedemann*, Die Flucht in die Generalklausel, S. 58.

folgenden wird Kodifikation als ein Rechtsprinzip zur systematischen Erfassung, Gliederung und Fortbildung des Rechts verstanden. Kodifikationen in diesem Sinne zu schaffen, ist nicht von vornherein unmöglich. Einem Kodifikationsbegriff in diesem Sinne zu genügen, ist sowohl dem Bundes- wie Landesgesetzgeber möglich. Es kann deshalb Kodifikationen sowohl auf Bundesebene wie auf Landesebene geben.

2. Die Fähigkeit der Gesellschaft zur Kodifikation

Der bundesrepublikanischen Gesellschaft wird mit unterschiedlichen Begründungen immer wieder die Fähigkeit abgesprochen, Kodifikationen erfolgreich zu gestalten. Die Voraussetzungen zur Erarbeitung kodifikatorischer Gesamtlösungen mit langfristigen Ordnungs- und Gestaltungsfunktionen seien nicht mehr gegeben. So wird behauptet, aufgrund der in den modernen Industriestaaten vorherrschenden pluralistischen Gesellschaftsform mit ihren zahlreichen und unterschiedlichen Interessengruppen und Interessenverbänden sei nur noch der Erlaß von Maßnahme- und Einzelfallgesetzen im Rahmen einer finalen Gesetzgebung praktikabel; solche Gesetze seien von vornherein nicht auf Dauer konzipiert und leicht veränderbar. Insoweit finden sich in der Literatur folgende Behauptungen: (1.) "Unter den in der Bundesrepublik gegebenen wirtschaftlichen, gesellschaftlichen und politischen Voraussetzungen ist die Kodifikation als Instrument rechtlicher Gestaltung nicht mehr verfügbar"[37]. (2.) "In Staaten mit alter Rechtstradition und parlamentarischer Mehrparteiendemokratie können kodifikatorische Ordnungen kaum noch gelingen"[38]. (3.) "Im Laufe der letzten Jahrzehnte ist deutlich geworden, daß die Gesetzgebungspraxis im demokratischen und sozialen Rechtsstaat der Gegenwart nicht imstande ist, das ursprüngliche Kodifikationsideal zu verwirklichen"[39]. Verantwortlich für diese Unfähigkeit sollen insbesondere die gewandelten ökonomischen und politischen Verhältnisse sein[40]. Es gehöre heute zu den Aufgaben des Staates, den Bürgern eine ausreichende soziale Sicherheit zu gewährleisten, das Gesundheits- und Rentenwesen aufrechtzuerhalten, die zunehmende Arbeitslosigkeit zu bekämpfen und für einen ausreichenden Schutz der Umwelt zu sorgen. Diese zunehmende Aufgabenfülle des Staates schränke zwangsläufig seine gesetzgeberischen Möglichkeiten ein. Ähnliches gelte für die internationalen Verpflichtungen, die zu einer verstärkten Rück-

---

37 *Kübler*, Kodifikation und Demokratie, JZ 1969, S. 645.

38 *Mayer-Maly*, Österreichisches Arbeitsrecht, S. 19.

39 *Breuer*, Gutachten, aaO, S. 37.

40 *Esser*, Gesetzesrationalität im Kodifikationszeitalter und heute, in: Recht und Staat, S. 13 ff.

sichtnahme und Koordination vor allem im europäischen Bereich zwängen. Gute Kodifikationen seien auch wegen der geänderten Staatssysteme nicht mehr möglich. Die großen Kodifikationen stammten vor allem aus der Zeit des 19. Jahrhunderts mit ihren autoritären Staaten, in denen es einfacher gewesen sei, politisch gewünschte Zielvorstellungen von "oben herab" durchzusetzen. Im Zeitalter parlamentarischer Demokratien mit pluralistischer Gesellschaftsform müsse dagegen im Rahmen der Gesetzgebung auf wesentlich zahlreichere, unterschiedliche Interessengruppen Rücksicht genommen werden, so daß gute Kodifikationen nicht mehr möglich seien und es ggf. nur zu unbefriedigenden Kompromißlösungen kommen könne.

Natürlich kompliziert der permanente Entscheidungsdruck die heutige Gesetzgebung und zwingt z.T. zu unbefriedigenden Kompromißlösungen. Diese Beobachtung ist nahezu täglich möglich. In diesen Veränderungen jedoch ein Indiz für die Kodifikationsunfähigkeit der heutigen Zeit zu erblicken und zu behaupten, langwierige Gesetzgebungsverfahren, die für Kodifikationen unerläßlich sind, seien grundsätzlich nicht mehr möglich, ist nicht gerechtfertigt. Beispiele belegen die Unrichtigkeit der Behauptung von der Kodifikationsunfähigkeit: Das Bauplanungsrecht und das Verwaltungsverfahrensrecht sind nahezu vollständig, das Sozialrecht ist in großen Teilen kodifiziert worden.

Der verallgemeinernden Behauptung, Kompromißlösungen seien häufig nur bewußte dilatorische Formelkompromisse, seien in sich widersprüchlich und liefen deshalb dem Kodifikationsmotiv der Beseitigung bzw. Harmonisierung einander widersprechender Normen gänzlich zuwider[41], muß ebenso widersprochen werden wie der Behauptung, Kompromisse in Form von Generalklauseln seien nichts anderes als ein Stück offengelassener Gesetzgebung[42].

Kompromißlösungen können, müssen aber nicht zwingend dilatorische Formelkompromisse enthalten. Ob sich Kompromißlösungen als solche herausstellen, ist eine Frage des Einzelfalls und nicht charakteristisches Kennzeichen für einen Kompromiß. Ein Kompromiß kann problemlos langfristig halten und sinnvolle Rechtswirkungen entfalten.

---

41 *Atzmüller*, Die Kodifikation des kollektiven Arbeitsrechts, S. 23 ff.

42 *Wege*, Positives Recht und sozialer Wandel im demokratischen und sozialen Rechtsstaat, S. 300.

Soweit Generalklauseln bestimmten Kompromissen entspringen, können sie, am rechten Platz eingesetzt, eine Versöhnung der miteinander streitenden Kräfte bewirken und so einer Kodifikation durchaus dienlich sein. Durch die Elastizität und Offenheit der entsprechenden Regelungen kann ein permanenter Zwang zu Änderungen vermieden und damit eine nur begrenzte Lebensdauer der Kodifikation verhindert werden. Daneben erhält der Gesetzgeber durch die Verwendung von Generalklauseln die Möglichkeit, etwas zu regeln, welches er dogmatisch noch nicht vollständig zu fassen in der Lage ist. Die Allgemeinheit dieser Regelungen ermöglicht darüber hinaus eine lückenlose und anpassungsfähige Unterwerfung einer größeren Gruppe von Sachverhalten unter die jeweilige Rechtsfolge.

Obwohl Generalklauseln (und auch die Verwendung unbestimmter Rechtsbegriffe) zu einem erhöhten Abstraktionsgrad des Gesetzes führen und die gesetzgeberische Verantwortung dadurch teilweise an die Rechtspraxis übertragen wird, können sie, in vernünftigem Umfang eingesetzt, zu einer Vereinheitlichung und Harmonisierung jeden Rechts und damit auch des Umweltrechts beitragen. Es ist ungerechtfertigt, mit dem pauschalen Hinweis auf den erhöhten Abstraktionsgrad von Kodifikationen gegen mögliche kodifikatorische Vereinheitlichungen zu argumentieren.

Die Erscheinungsform der "dynamisierten Gesetzgebung" und des "Maßnahmegesetzes" sind im übrigen nicht in dem Maße neu, wie heutzutage häufig behauptet wird[43]. Bereits 1888 sprach Laband im Zusammenhang mit der zunehmend unübersichtlicher, komplexer und kurzatmiger werdenden Gesetzgebung von "Verwaltungsakten in Gesetzesform"[44].

Es wäre unfair, den Kodifikationsgegnern der heutigen Zeit zu unterstellen, sie gingen von dem überholten und nicht realisierbaren ursprünglichen Kodifikationsideal vergangener Jahrhunderte aus. Wenn beispielsweise Breuer[45] die Kodifikationsunfähigkeit der heutigen Gesellschaft nur im Zusammenhang mit dem "ursprünglichen Kodifikationsideal" feststellt, so differenziert er entsprechend den jeweiligen Idealen. Es stellt sich allerdings die Frage, wes-

---

[43] Vgl. dazu *Stolleis*, Innere Reichsgründung durch Rechtsvereinheitlichung 1866-1880, in: Starck (Hrsg.), Rechtsvereinheitlichung durch Gesetze: Bedingungen, Ziele, Methoden, S. 15.

[44] *Laband*, Das Staatsrecht des Deutschen Reiches, Bd. I, S. 513.

[45] Gutachten, aaO, S. 37.

halb Breuer[46] daran anschließend ausführt, "illusionär und für die künftige Rechtsentwicklung eher hinderlich wäre der Versuch, das idealistische, auf Ewigkeit und reine Wertgerechtigkeit zielende Kodifikationskonzept zur Richtschnur der Gesetzgebung auf dem Gebiete des Umweltschutzes zu erheben". Damit wird unverständlicherweise ein nicht mehr zeitgemäßes Kodifikationsideal zum Gegenstand der Diskussion erhoben, das mit den heutigen Kodifikationsbestrebungen im Umweltrecht in keinem Zusammenhang steht und welches gewiß keiner der Kodifikationsbefürworter anstrebt. Insoweit stellt Kloepfer[47] berechtigt fest, daß unter den "Bedingungen der modernen Gesellschaft" von der Kodifikation gerade "nicht eine abschließende und erschöpfende Regelung der Sachmaterie" verlangt werden könne. "Vielmehr geht es um die Schaffung eines bereinigten und vereinheitlichten, d.h. widerspruchsfreien, rechtlichen Ordnungsrahmens, mit dem der Gesetzgeber deutlich machen kann, daß die für den betreffenden Sachbereich getroffenen Entscheidungen nicht als zufälliges Ergebnis heterogener Regelungen, sondern als Verwirklichung bestimmter politischer Vorstellungen zu verstehen sind".

Soweit man den Kodifikationsbegriff in diesem Sinne sachgerecht relativiert, bestehen gegen die prinzipielle Möglichkeit einer kodifikatorischen Vereinheitlichung des Umweltrechts keine Bedenken. Die Kodifikation des Umweltrechts ist kein Problem des Könnens, sondern des Wollens. Damit ist die Fähigkeit der heutigen Gesellschaft zur Kodifikation belegt. Die Richtigkeit dieser theoretisch gewonnenen Aussage läßt sich praktisch verifizieren. Der Bundesgesetzgeber hat das Verwaltungsverfahrensgesetz des Bundes geschaffen und mit ihm das Allgemeine Verwaltungsrecht kodifiziert[48] ; er hat "die Gesamtheit der Rechtsnormen, die das Verfahren der Verwaltungsbehörden regeln"[49] , in einem einzigen Gesetz zusammengefaßt und die auf diesem Gebiete herrschende außerordentlich starke Zersplitterung beseitigt. Unzählige Gesetze, Rechtsverordnungen und Verwaltungsvorschriften sowohl des Bundes als auch der Länder enthielten einander häufig überschneidende Vorschriften; z. T. wichen diese Vorschriften ohne sachlichen Grund voneinander ab; ferner gab es eine hohe Zahl von Regelungslücken, die zu Rechtsunsicherheiten führten. Dieser Zustand ist überwunden. - Ein zweites Beispiel bildet die Kodifikation des Sozialrechts. Dieses war (bzw. ist teilweise noch) in einer

---

46 Gutachten, aaO, S. 40.

47 *Kloepfer*, Empfiehlt es sich, ein Umweltgesetzbuch zu schaffen, ggf. mit welchen Regelungsbereichen?, JZ 1992, S. 819.

48 VwVfG v. 25.5.1976, BGBl. I S. 1253.

49 *Laubinger*, Der Entwurf eines Verwaltungsverfahrensgesetzes des Bundes von 1973, JA 1975, S. 593.

Vielzahl von Rechtsvorschriften geregelt, die es dem Bürger und der Verwaltung häufig verunmöglichten, den Inhalt der sozialrechtlichen Normen zu erkennen. Zu großen Teilen ist das Sozialrecht nunmehr im Sozialgesetzbuch vereint[50]; abgeschlossen ist dieses kodifikatorische Vorhaben freilich noch nicht. Es hat sich bislang aber die Kraft des Gesetzgebers gezeigt, auf dem Gebiet der Vereinheitlichung und Zusammenfassung des Sozialrechts kodifikatorisch zu arbeiten; es ist nicht ersichtlich, daß der Gesetzgeber das Werk "Sozialgesetzbuch" nicht beenden werde.

Die bundesrepublikanische Gesellschaft besitzt auch unter den heutigen Bedingungen die Fähigkeit, Kodifikationen erfolgreich zu gestalten.

3. Die Fähigkeit des Rechts zur Steuerung gesellschaftlicher Prozesse

Rechtssoziologen äußern prinzipielle Zweifel an der Steuerungsfähigkeit des Rechts in der heutigen Gesellschaft. Sie stellen die Frage, ob die moderne Gesellschaft überhaupt in der Lage ist, mit dem Steuerungsmittel Recht den ökologischen Gefährdungen wirksam entgegenzutreten. - Sollte die Umweltpolitik ihre Bedeutung mangels wirksamer Steuerungsmöglichkeiten nur noch auf dem Papier der Gesetzblätter entfalten können, müßten auch die durch die Schaffung des Umweltgesetzbuchs erhofften Verbesserungen des Umweltschutzes grundsätzlich in Frage gestellt werden. Zwar würde mangelnde Steuerungswirksamkeit nicht prinzipiell eine Vereinheitlichung und Harmonisierung des Umweltrechts ausschließen, doch könnte mit der kodifikatorischen Vereinheitlichung eine nachhaltige Verbesserung des Umweltschutzes, etwa die Erzielung eines umweltverträglicheren Verhaltens der jeweiligen Normadressaten durch zielgerichtete Verhaltenssteuerung, kaum erreicht werden. Letztlich ist die Vereinheitlichung des Umweltrechts nur dann sinnvoll, wenn sie "mit der Zielsetzung einer normativen Verbesserung der betreffenden Regelungen"[51] sowie einer Effektivierung des Umweltschutzes durch "verbessertes" Verhalten der Normadressaten einhergeht. Nur dann lassen sich

---

[50] Der Allgemeine Teil des Sozialgesetzbuchs ist am 1.1.1976 in Kraft getreten; im Laufe der Jahre wurden spezielle Gebiete des Sozialrechts als eigene Bücher in das Sozialgesetzbuch eingefügt: das "Erste Kapitel des vierten, die Sozialversicherung betreffenden Buches" (SGB IV), das "Fünfte Buch" (SGB V/Krankenversicherung/1989), das "Sechste Buch" (SGB VI/Rentenversicherungsrecht/1992), das "Achte Buch" (SGB VIII/Kinder- und Jugendhilfe/1991) sowie jüngst das Recht der Pflegeversicherung als SGB XI.

[51] *Kloepfer*, JZ 1992, S. 820.

die aufzuwendenden Kosten, Mühen und die jahrelange Bindung wichtiger Kapazitäten an dieses Projekt rechtfertigen.

Rechtstheoretiker haben in die Diskussion über die Steuerungsfähigkeit des Rechts den aus dem Griechischen stammenden Begriff "autopoiesis" eingeführt. Mit diesem Begriff bezeichnet man geschlossene Kreisläufe. Die Kreisläufe besitzen weder "inputs" noch "outputs". Eine zielgerichtete externe Steuerung fehlt[52]. Soweit bei einem außenstehenden Beobachter ein gegenteiliger Eindruck entsteht, entspringt dieser seiner Wunschvorstellung. Ein autopoietisches System kann man sich "grob im Bild eines in sich gedrehten, an seinen Enden verklebten Papierstreifens veranschaulichen". Die Möglichkeit der therapeutischen Hilfe eines Systems für ein anderes System, welches in die Krise geraten ist, besteht nicht. Es gibt nur den Weg der Selbstregulierung; diese kann gelingen oder scheitern. Wenn das "Rechtssystem" vom "gesellschaftlichen System" zu trennen wäre und wenn beide Systeme autopoietischen Charakter hätten, wäre das Rechtssystem nicht in der Lage, dem gesellschaftlichen System zu helfen. Die vom Recht erwartete Steuerungsfähigkeit gesellschaftlicher Prozesse wäre eine Wunschvorstellung.

Der Systemtheoretiker Niklas Luhmann entwickelte Anfang der 70er Jahre die Behauptung, die Gesellschaft bestehe aus verschiedenen teilautonomen Systemen, für deren Koordinierung eine übergreifende Funktionsimperative fehle[53]. Politik und Recht seien teilautonome Kreisläufe autopoietischer Systeme, die nur noch Teilsysteme unter anderen darstellten. Als Begründung führte er an, die Komplexität und gesellschaftliche Differenzierung für eine zielgerichtete rechtsförmige Staatslenkung hätten ein so hohes Niveau erreicht, daß Politik nicht mehr die hierarchische Spitze bzw. das Steuerungszentrum der Gesellschaft bilden könne. Auf das Rechtssystem bezogen schrieb Luhmann im Rahmen seines Werkes "Ökologische Kommunikation"[54]: "Das Recht steht zwar in enger Beziehung zur Politik, da die Gesetzgebung typische Vorverständigungen erfordert. Es ist ein stellenweise politisch sensibles und in dieser Richtung besonders resonanzfähiges, gleichwohl aber ein referentiell geschlossenes System .... Das Rechtssystem gewinnt seine operative Geschlossenheit dadurch, daß es durch die Differenz von Recht und Unrecht codiert ist und kein anderes System unter diesem Code arbeitet.... Da kein anderes Sy-

---

52 Vgl. hierzu und zum folgenden *Nocke*, Autopoiesis - Rechtssoziologie in seltsamen Schleifen, KJ 1986, S. 371.

53 *Luhmann*, Evolution des Rechts, Rechtstheorie 1970, S. 3 ff.

54 *Luhmann*, Ökologische Kommunikation - Kann die moderne Gesellschaft sich auf ökologische Gefährdungen einstellen?, S. 202, 216.

stem diesen Code benutzt, kann das Rechtssystem weder Recht noch Unrecht importieren oder exportieren.... Das Recht reagiert nämlich nur auf seine eigene, systemspezifische Weise auf Gefährdungen der Gesellschaft durch ihre Umwelt; und nichts garantiert vorab eine adäquate Proportion oder einen kausalen Erfolg der Reaktion im Hinblick auf die Gefährdung". Legt man diese Auffassung der Bewertung der Erfolgsaussichten eines Umweltgesetzbuchs zugrunde, dann schließt sie eine Beeinflussung des Umweltschutzbereichs durch die Bemühungen und Zielvorgaben des selbständigen Kreislaufs Politik nicht grundsätzlich aus. Eine gezielte Steuerung durch Recht in Form konsequenter Umsetzung der Zielvorgaben kann in den betroffenen gesellschaftlichen Bereichen jedoch nicht erwartet werden; denn das Umweltrecht kann diesem Ansatz entsprechend nur durch sich selbst gesteuert werden. Eine zielgerichtete Fremdsteuerung des Umweltrechts ist dagegen ausgeschlossen. Ggf. können nur faktische, nicht steuerbare Auswirkungen auf das Verhalten der Normadressaten erzielt werden.

Ende der 70er Jahre entbrannte in der Literatur eine heftige Diskussion über die Steuerungsmöglichkeiten der heutigen Gesellschaft. Zu dieser Zeit entwickelten Teubner und Wilke die "Theorie des reflexiven Rechts"[55]. Als theoretischen Ausgangspunkt wählten sie eine operative Geschlossenheit des Rechtssystems. Aufgrund der erreichten Autonomie in der modernen Gesellschaft könne das Rechtssystem nur noch nach eigenen inneren Gesetzmäßigkeiten verfahren. Es sei unmöglich, daß ein Subsystem eine Vorherrschaft über die anderen Subsysteme ausübe. Die genannten Theoretiker schließen zwar die Möglichkeit rechtlich regulierender Eingriffe nicht aus, behaupten aber, regulative Politik durch herkömmliches Recht laufe nicht nur in vielen Bereichen schlicht leer, sondern es gebe darüber hinaus inzwischen Problembereiche, in denen eine rechtliche Regulierung die Probleme verschlimmere. Eine derart kontraproduktive Wirkung des Rechts bilanzieren sie für den Umweltschutz. Deshalb sei eine Beschränkung des Rechts auf die indirekte Steuerung gesellschaftlicher Selbststeuerung unumgänglich, bei der das Recht lediglich Entscheidungsprämissen festlege.

Der mit den genannten Theorien verbundene Steuerungspessimismus ist zu diskutieren.

---

[55] *Teubner/Willke*, Kontext und Autonomie: Gesellschaftliche Selbststeuerung durch reflexives Recht, ZfR 1984, S. 4 ff.

Zweifel an der Berechtigung des Steuerungspessimismus erwachsen zunächst aus "empirischen Irritationen"[56]. Es ist unübersehbar, daß in der heutigen Gesellschaft politische Ziele mit Hilfe des Mediums Recht erfolgreich durchgesetzt werden. Die Mineralölwirtschaft bietet trotz zahlreicher Proteste bleifreies Benzin an, weil die Umweltpolitik dies zum Zwecke der Veränderung des Schadstoffausstoßes von Kraftfahrzeugen vorgeschrieben hat; die regionale Strukturpolitik zeigt, daß zielorientierte staatliche Wirtschaftssteuerung mit dem Mittel Recht notwendig ist und wirksam sein kann[57]. - Es bestehen Bedenken gegen die den Theorien zugrunde liegenden Annahmen. Das Ausmaß der behaupteten Hierarchielosigkeit der Gesellschaft ist definitiv falsch eingeschätzt. Jede Gesellschaft war, ist und wird immer hierarchisch sein. Es gibt weder eine klassenlose noch herrschaftsfreie Gesellschaft. Auf Begriffe wie "Klasse" oder "Herrschaft" kann man verzichten, damit sind die mit den Begriffen verbundenen sozialen Phänomene jedoch nicht erledigt. - Ferner wird nur unzureichend der Aspekt gewürdigt, daß es durch die extremen Umweltbelastungen und den dadurch verursachten Entscheidungsdruck auf das politische System gerade im Umweltbereich einen großen Bedarf an Regulierungen, Rechtfertigungen und Konsens gibt, der regulatorische Maßnahmen der Politik künftig unverzichtbar macht. Die Änderungen des Umweltrechts in der Bundesrepublik, die in der letzten Zeit vorgenommen wurden, sind definitiv Folge gesellschaftlichen Drucks auf den Gesetzgeber[58]. - Schließlich läßt sich ein faktischer Strukturwandel feststellen. Die Materie Umweltschutz konfrontiert das Recht mit neuartigen Anforderungen. Diese Anforderungen haben dazu geführt, daß sich eine facettenreiche Organisationsstruktur von Staat und Verwaltung mit sehr viel differenzierteren rechtlichen Steuerungsmöglichkeiten herausgebildet hat, als die "gebetsmühlenhafte Wiederholung der Begriffe Hierarchie, Interventionsstaat und regulative Politik es vermuten" läßt[59]. So treten neben die klassischen Steuerungsinstrumente der Eingriffsverwaltung zunehmend neuartige Handlungsmöglichkeiten. Ökonomisch wirkende Instrumente in Form von Umweltabgaben belegen die Richtigkeit dieser Behauptung[60]. Es gibt in einigen Bundesländern die naturschutzrechtliche Ausgleichsabgabe, in anderen gibt es den "Wasserpfennig",

---

56 *Scharpf*, Politische Steuerung und politische Institutionen, PolVj 1989, S. 12.

57 *Nahamowitz*, Effektivität wirtschaftlicher Steuerung - Ein Beitrag zur Autopoiesis-Debatte, ZfR 1987, S. 411 ff.

58 Vgl. *Ritter*, Umweltpolitik und Rechtsentwicklung, NVwZ 1987, S. 931.

59 *Schuppert*, Grenzen und Alternativen von Steuerung durch Recht, in: Grimm (Hrsg.), Wachsende Staatsaufgaben - sinkende Steuerungsfähigkeit des Rechts, S. 230.

60 *Ritter*, Von den Schwierigkeiten des Rechts mit der Ökologie, DÖV 1992, S. 645; *Hendler*, Umweltabgaben und Steuerstaatsdoktrin, AöR 1990, S. 578.

in wiederum anderen die Abfallabgabe. Es gibt eine Haftung für Umweltschäden nach dem Umwelthaftungsgesetz[61] ; die Gefahr, Schadenersatz bezahlen zu müssen, wirkt positiv mit Blick auf die Einhaltung der materiellen Standards des Umweltrechts. - Hinzuweisen ist endlich auf das Verhältnis zwischen öffentlicher Verwaltung und konfliktfähigen gesellschaftlichen Interessengruppen. Es entstehen Kooperationen. Für den Umweltbereich sei auf § 29 BNatSchG verwiesen, der den Verbänden bei der Vorbereitung von Verordnungen, von verbindlichen Programmen und Plänen sowie in Planfeststellungsverfahren und vor Erteilung von Befreiungen von bestimmten Verboten und Geboten ein Mitwirkungsrecht einräumt. Einige Länder haben darüber hinaus für den Bereich des Naturschutzrechts die Verbandsklage eingeführt. Den Prozeß der steuerungsrechtlichen Veränderung belegt auch die Zunahme von Verfahrensnormen, die anstelle inhaltlicher Programmierung eine Regelung der Entscheidungsstrukturen beinhalten.

Unstreitig bleibt die Steuerungsintensität der neuartigen Handlungsmöglichkeiten hinter der Steuerungsintensität der klassischen Handlungsformen zurück. Die mit dem einseitigen Befehl und seiner Möglichkeit der Vollstrekkung verbundenen Wirkungen fehlen den modernen Instrumenten. Während sich ein mit den alten Instrumenten durchsetzbares Regelungsprogramm bei Gebrauch der Instrumente verwirklicht, hängt die Realisierung beim Einsatz moderner Instrumente vom Willen des Adressaten ab: Er kann beispielsweise Sonderabfälle vermeiden oder die Sonderabfallabgabe zahlen. Damit sind unausweichlich Veränderungen der hierarchischen Strukturen verbunden. Ungerechtfertigt ist aber der Schluß, regulatorische Politik und damit eine Politik, die sich des Mittels Recht bedient, sei in der heutigen Gesellschaft nicht mehr möglich.

Auch wenn sich die Grenzen der Reichweite des Instruments Recht bei der Problembewältigung der umweltpolitischen Aufgaben zeigen, kommt dem Recht in der heutigen Gesellschaft gerade im Umweltbereich eine wesentliche Funktion als Mittel zur Regulierung entscheidender Geschehensabläufe zu. Sich "steuerungstechnisch" nur auf Instrumente indirekter Steuerung zurückzuziehen, würde bedeuten, die Verselbständigungstendenzen im Umweltbereich noch zu beschleunigen und die sich daraus entwickelnden Gefahren zu verkennen. Eine sich aus dem regulatorischen Bereich zurückziehende Umweltpolitik, die auf die Eigenverantwortung und das Umweltbewußtsein der Bürger und Unternehmen (allein) setzt, ist dem Umweltschutz nicht dienlich. Die Annahme ist illusionär, freiwilliger Umweltschutz könne die Effektivität

---

61 Umwelthaftungsgesetz v. 10.12.1990, BGBl. I S. 2634.

eines auf festen normativen Vorgaben aufbauenden Umweltschutzes erreichen[62]. Ein erfolgreicher Umweltminister kann nicht auf punktuellen Dirigismus und feste normative Vorgaben verzichten[63]. Die Richtigkeit dieser Aussage belegt die Großfeuerungsanlagen-Verordnung[64]; trotz großer unternehmerischer Widerstände gelang eine erfolgreiche Umsetzung, weil eine erhebliche Reduzierung des SO2-Ausstoßes von Großfeuerungsanlagen erreicht werden konnte.

Instrumente der indirekten Steuerung werden die klassischen direkten Steuerungsinstrumente auch zukünftig nicht ersetzen können. Es ist vielmehr davon auszugehen, daß die Möglichkeiten der direkten Steuerung durch die Möglichkeiten der indirekten Steuerung ergänzt und erweitert werden; die indirekte Steuerung wird die direkte Steuerung begleiten.Er wird künftig zwischen verschiedenartigen, sehr differenzierten Steuerungsmöglichkeiten auswählen können und müssen. Der Staat wird in bestimmten Bereichen, etwa in den Bereichen der Gefahrenabwehr und der Schadensregulierung, nicht umhin kommen, sich weiterhin der klassischen Instrumente zu bedienen, die in den letzten Jahren durch eine Reihe von Entwicklungen besser auf die ökologischen Herausforderungen eingestellt werden konnten[65]. In anderen Bereichen, etwa der Risikovorsorge, wird hingegen ein Ausweichen auf neuartige Handlungsmöglichkeiten ratsam sein.

Die Steuerungsfähigkeit des Rechts in der heutigen Gesellschaft ist zu bejahen. Schwierigkeiten rationaler Entscheidungs- und Verantwortlichkeitsprozesse mögen eine Herausforderung an die staatlichen und rechtlichen Steuerungsmechanismen darstellen. Daraus läßt sich jedoch nicht die Steuerungsunfähigkeit des Rechts ableiten.

Auch in der heutigen Zeit ist der Umweltschutz einer Steuerung durch legislatorische Maßnahmen zugänglich. Gerade das Umweltrecht beweist die Fähigkeit des Rechts zur Steuerung gesellschaftlicher Prozesse.

---

62 *Murswiek*, Freiheit und Freiwilligkeit im Umweltschutzbereich, JZ 1988, S. 985 ff.

63 *Nahamowitz*, Reflexives Recht: Das unmögliche Ideal eines postinterventionistischen Steuerungskonzepts, ZfR 1985, S. 31.

64 13. Verordnung zur Durchführung des Bundes-Immissionsschutzgesetzes v. 22.6.1983, BGBl. I S. 719.

65 Vgl. dazu *Ritter*, DÖV 1992, S. 644.

4. Konsequenz: Kodifikationsmöglichkeit

Die Möglichkeit zur Kodifikation des Umweltrechts besteht, wenn einem Kodifikationsvorhaben ein "bescheidener", den heutigen Bedingungen angemessener Kodifikationsbegriff zugrunde gelegt wird. Dieser "bescheidene" Kodifikationsbegriff ist ein Rechtsprinzip, welches das Recht systematisch erfaßt, gliedert und fortbildet. Die bundesrepublikanische Gesellschaft, "vertreten" durch ihre Gesetzgeber, hat die Fähigkeit zu einer Leistung in diesem Sinne bewiesen. Auch hat das Recht seine Fähigkeit zur Steuerung gesellschaftlicher Prozesse unter Beweis gestellt. Damit ist die Kodifikationsmöglichkeit des Umweltrechts belegt.

III. Die gegenwärtige rechtspolitische Diskussion eines Umweltgesetzbuchs des Bundes

Die rechtspolitische Diskussion eines Umweltgesetzbuchs des Bundes findet gegenwärtig auf drei Ebenen statt. Auf der ersten Ebene werden diskutiert die Entwürfe eines UGB-AT[66] und eines UGB-BT[67], die zwei unabhängige Professoren-Kommissionen erarbeitet haben. Die Diskussion wendet sich der Frage zu, ob auf dieser Grundlage ein Referentenentwurf erarbeitet werden kann. Die Diskussion ist öffentlich. Auf einer zweiten Diskussionsebene formuliert eine unabhängige Sachverständigenkommission einen Vorschlag für ein Umweltgesetzbuch[68]. Diese Diskussion findet naturgemäß unter Ausschluß der Öffentlichkeit statt. Auf einer dritten Ebene befassen sich am Umweltrecht Interessierte mit dem Kodifikationsvorhaben als solchem und erarbeiten mit oder ohne Bezug zu den Professoren-Entwürfen Regelungen oder Teilregelungen.

---

66 *Kloepfer/Rehbinder/Schmidt-Aßmann/Kunig*, Umweltgesetzbuch - Allgemeiner Teil, Berichte 7/90 des Umweltbundesamtes.

67 *Jarass/Kloepfer/Kunig/Papier/Peine/Rehbinder/Salzwedel/Schmidt-Aßmann*, Umweltgesetzbuch - Besonderer Teil, Berichte 4/94 des Umweltbundesamtes.

68 Dieser Kommission gehören an: M. Bulling (Regierungspräsident a.D.), G. Gaentzsch (Richter am Bundesverwaltungsgericht), H.P. Johann (Direktor), M. Kloepfer (Universitätsprofessor), R. Schweikl (Stadtrat a.D.), D. Sellner (Rechtsanwalt), H. Sendler (Präsident des Bundesverwaltungsgerichts a.D.), G. Winter (Universitätsprofessor).

1. Die Professoren-Entwürfe

Zwei unabhängige Professoren-Kommissionen haben Entwürfe eines Umweltgesetzbuchs - Allgemeiner Teil - und - Besonderer Teil - vorgelegt[69]. Diese Entwürfe basieren auf folgender Feststellung der Bundesregierung: "Die große Zunahme der Rechtsvorschriften auf dem Gebiet des Umweltschutzes in den letzten Jahren, ihre wachsende Kompliziertheit und ihre Verstreutheit auf zahlreiche verschiedene Gesetze und Durchführungsvorschriften haben zu der Frage geführt, ob sie nicht in einem einheitlichen Gesetzeswerk - geordnet in einen Allgemeinen Teil und einzelne Fachteile - zusammengefaßt werden können. Die bisherigen Überlegungen lassen erkennen, daß einem solchen Vorhaben nicht zuletzt wegen der vielfach engen Verflechtungen zahlreicher umweltrechtlicher Vorschriften mit den in einzelnen Spezialgesetzen geregelten Sachgebieten erhebliche praktische Schwierigkeiten entgegenstehen. Die Bundesregierung wird indes weiterhin prüfen, wie das Umweltschutzrecht im Interesse einer praktischen Handhabung und eines besseren Bürgerverständnisses übersichtlicher gestaltet und vereinfacht werden kann."[70] Im Anschluß an diese Aussage der Bundesregierung wurden zwei Forschungsvorhaben durchgeführt, die als wissenschaftliche Vorarbeiten für Überlegungen zu einer Umweltrechtskodifikation gedacht waren: "Systematisierung des Umweltrechts"[71] und "Innere Harmonisierung des Umweltrechts"[72]. Beide Untersuchungen kamen zusammengefaßt zu dem Ergebnis, die Erstellung eines Allgemeinen Teils eines Umweltgesetzbuchs sei möglich und wegen der damit verbundenen Vorteile auch zweckmäßig[73]. Die Richtigkeit der Aussage, ein UGB-AT sei möglich, bestätigt der vorgelegte Entwurf eines UGB-AT. Im Anschluß an diesen Entwurf wurde das UGB-BT erarbeitet. Ausgehend von den Regelungsvorschlägen des Allgemeinen Teils werden im Besonderen Teil die bereichsspezifischen Besonderheiten der einzelnen umweltrechtlichen Regelungsmaterien normiert. In einem sehr großen Umfang konnte auf den Regelungen des Allgemeinen Teils aufgebaut werden. Der Besondere Teil beschränkt sich auf die Kernbestände des Umweltrechts, um ein Zerreißen anderer Rechtsgebiete zu verhindern. Ungeregelt blieb im UGB-BT das Gentechnikrecht, obwohl es sachlich in das Gesetzeswerk gehört. Der Auftrag an

---

69 S. die Nachw. zuvor.

70 BTag-Drs. 7/5684, S. 23.

71 *Kloepfer*, Systematisierung des Umweltrechts, Bericht 8/78 des Umweltbundesamtes.

72 *Kloepfer/Meßerschmidt*, Innere Harmonisierung des Umweltrechts, Berichte 6/86 des Umweltbundesamtes.

73 S. den Bericht bei UGB-AT, S. 6.

die Professoren-Kommission umfaßte diese Bereiche nicht. Zum Klimaschutzrecht fehlt ein eigenständiges Kapitel. Der Forschungsauftrag deckte diesen Bereich ebenfalls nicht ab. - Der Professoren-Entwurf eines Allgemeinen Teils des Umweltgesetzbuchs hat in der Fachwelt ein großes Echo ausgelöst[74]. Für den Besonderen Teil des Umweltgesetzbuchs ist eine solche Reaktion noch nicht zu verzeichnen[75].

---

[74] *Graf Hohenthal*, Ein Grundgesetz für den Umweltschutz, FAZ v. 9.10.1990, S. 4 ff.; *N.N.* Umweltgesetzbuch - Entwurf vorgelegt, Umwelt 1990, S. 477; *Enders/Reiter*, Die Umwelthaftung im System des Umweltgesetzbuchs, VersR 1991, S. 1341 ff.; *Kloepfer/Kunig/Rehbinder/Schmidt-Aßmann*, Zur Kodifikation des Allgemeinen Teils eines Umweltgesetzbuchs, DVBl. 1991, S. 339 ff.; *Koch*, Auf dem Weg zum Umweltgesetzbuch, NVwZ 1991, S. 935 ff.; *Michael*, Umweltrecht aus einem Guß? - Zum Entwurf eines Umweltgesetzbuchs, UTA 1991, S. 3 ff.; *Schrader*, Erster Schritt zur Einheit - Zum Entwurf eines Umweltgesetzbuchs, IUR 1991, S. 50 ff.; *Ritter*, Auf dem Weg zu einem Umweltgesetzbuch - Eine erste Zwischenbilanz, ZAU 1991, S. 294 ff.; *Bleicher*, Der Entwurf eines Umweltgesetzbuchs, JA 1992, S. 238 ff.; *Erbguth*, Die Umweltleitplanung im Entwurf eines Umweltgesetzbuchs - Allgemeiner Teil, DVBl. 1992, S. 1122 ff.; *Hauber*, Notwendigkeit und Inhalt einer Kodifikation des Umweltrechts, VR 1992, S. 265 ff.; *Hoffmann-Riem*, Instrumente indirekter Verhaltenssteuerung: Zu den Vorschlägen im Umweltgesetzbuch - Allgemeiner Teil, ZAU 1992, S. 348 ff.; *Hoppe*, Die Umweltleitplanung im Entwurf eines Umweltgesetzbuchs - Allgemeiner Teil, NJW 1992, S. 1993 ff.; *Kloepfer*, Empfiehlt es sich, ein Umweltgesetzbuch zu schaffen, ggf. mit welchen Regelungsbereichen?, JZ 1992, S. 817 ff.; *Kunig*, Harmonisierung des Umweltrechts - Auf dem Weg zu einem Umweltgesetzbuch?, LKV 1992, S. 145 ff.; *Laufs*, Auf dem Weg zur Entwicklung eines Umweltgesetzbuchs, ZG 1992, S. 217 ff.; *Papier*, Entwurf eines Umweltgesetzbuchs - Vom Allgemeinen zum Besonderen Teil, DVBl. 1992, S. 1133 ff.; *Sendler*, Brauchen wir ein Umweltgesetzbuch (UGB)? Wenn ja: Wie sollte es aussehen? DVBl. 1992, S. 1113 ff.; *Storm*, Empfiehlt es sich, ein Umweltgesetzbuch zu schaffen, ggf. mit welchen Regelungsbereichen?, ZRP 1992, S. 346 ff.; *Toepfer*, Auf dem Weg zu einem Umweltgesetzbuch, Umwelt 1992, S. 7 ff.; *Maiwald*, Anmerkungen zum Entwurf eines Umweltgesetzbuchs - Allgemeiner Teil - aus der Sicht kleiner und mittlerer Unternehmen, GewA 1993, S. 318 ff.; *Köck*, Indirekte Steuerung im Umweltrecht: Abgabenerhebung, Umweltschutzbeauftragte und "Öko-Auditing", DVBl. 1994, S. 27-34.

[75] Eine erste Vorstellung von Teilen des UGB-BT durch *Erbguth/Stollmann*, Zum Stand des Bodenschutzrechts, Natur und Recht 1994, S. 325; ebenfalls zum Bodenschutzrecht *Lindemann/Eickhoff*, Kommt ein bundeseinheitliches Altlastensanierungsrecht?, Natur und Recht, 1994, S. 330 ff.; *Kloepfer*, Zur Kodifikation des Umweltrechts in einem Umweltgesetzbuch, DÖV 1995, S. 745-754; *ders.*, Zur Kodifikation des Besonderen Teils eines Umweltgesetzbuches (UGB-BT), DVBl. 1994, S. 305-316; *Rehbinder*, Ein weiterer Schritt auf dem Weg zur Kodifikation des Deutschen

Die Stellungnahmen zum UGB-AT reichen von engagierter Zustimmung bis zu kategorischer Ablehnung. Vielfach ist der Entwurf zum Gegenstand von Aufsätzen[76], Gutachten[77] und Diskussionsveranstaltungen[78] gemacht wor-

---

Umweltrechts, zum "Professorenentwurf" des Besonderen Teils eines Umweltgesetzbuchs, Natur und Recht 1994, S. 313-319.

76 S. die Nachw. zuvor.

77 Arbeitskreis Rechtsfragen des Bund für Umwelt und Naturschutz in Deutschland e.V., Stellungnahme zum Umweltgesetzbuch - Allgemeiner Teil; das Gutachten ist nicht publiziert. *Breuer*, Gutachten, aaO.

78 Folgende Veranstaltungen zum UGB-AT haben stattgefunden: Aueler Kamingespräch zum Umweltgesetzbuch am 8.10.1992; Wege zu einem Umweltschutzrecht - Der Entwurf zum Allgemeinen Teil eines Umweltgesetzbuchs, Frankfurter Umweltrechtliches Forum im November 1991; Der Natur zum Recht verhelfen - welche Chancen bietet das Umweltgesetzbuch?, Fachtagung der Evangelischen Akademie Bad Boll und des Bundes für Umwelt- und Naturschutz in Deutschland v. 21.-23.2.1992 in Bad Herrenalb; Auf dem Weg zum Umweltgesetzbuch, Symposium der Forschungsstelle Umweltrecht der Universität Hamburg am 21.5.1992; Empfiehlt es sich, ein Umweltgesetzbuch zu schaffen, ggf. mit welchen Regelungsbereichen?, Beratungen der Abteilung Umweltrecht des 59. Deutschen Juristentages v. 15.-18.9.1992 in Hannover. - Zu diesen Tagungen sind folgende Berichte erschienen: *Engel*, Der Natur zum Recht verhelfen - welche Chance bietet das Umweltgesetzbuch?, IUR 1992, S. 119 ff.; *Hoffmann*, Auf dem Weg zum Umweltgesetzbuch - Symposium in Hamburg am 21.5.1992, LKV 1992, S. 293 ff.; *Lechelt*, Auf dem Weg zum Umweltgesetzbuch - Bericht über das Symposium der Forschungsstelle Umweltrecht der Universität Hamburg am 21.5.1992, NVwZ 1992, S. 863 ff.; *Meyer*, Auf dem Weg zum Umweltgesetzbuch - Symposium der Forschungsstelle Umweltrecht Hamburg, UPR 1992, S. 369; *Klocke*, Auf dem Weg zum Umweltgesetzbuch - Tagungsbericht über das Symposium der Forschungsstelle Umweltrecht der Universität Hamburg v. 21.5.1992, DVBl. 1992, S. 1013 ff.; *Schulte*, Auf dem Weg zum Umweltgesetzbuch - Symposium der Forschungsstelle Umweltrecht der Universität Hamburg am 21.5.1992, NJW 1992, S. 2402 ff.; *v.Dannwitz*, Bericht - Der 59. Deutsche Juristentag in Hannover 1992 - II. Abt.: Umweltrecht, JZ 1993, S. 83 ff.; *Metz*, 59. Deutscher Juristentag - Abt. Umweltrecht, NVwZ 1993, S. 47 ff.; *Schomerus/Schrader*, Neue Hoffnung für das UGB?, IUR 1992, S. 244 ff.; *Stüer*, Bericht über die Abteilung Umweltrecht auf dem 59. Deutschen Juristentag 1992 in Hannover, DWiR 1992, S. 432 ff.; *Stüer*, Die Entwicklung des öffentlichen Rechts - 59. Deutscher Juristentag in Hannover, DVBl. 1992, S. 1415 ff.; *N.N.*, 59. Deutscher Juristentag - Der Tagungsverlauf, NJW 1992, S. 3008 ff. - Dokumentationen: Veröffentlichung zum Aueler Kamingespräch - Umweltbundesamt (Hrsg.), Berichte 6/91 des Umweltbundesamtes, Stenografische Niederschrift des Aueler Kamingesprächs zum Umweltgesetzbuch am 8.10.1990 auf Schloß Auel; *Koch* (Hrsg.), Auf dem Weg zum Umweltgesetzbuch/Symposium über

den. Die Diskussion findet auf zwei Ebenen statt: Zum einen wird die Frage diskutiert, inwieweit die Schaffung eines Umweltgesetzbuchs grundsätzlich möglich und ratsam erscheint; zum anderen wird analysiert, welchen Umfang ein solches Kodifikationswerk haben sollte und wie die einzelnen Detailregelungen ausgestaltet werden sollten. - Bis 1993 sind insgesamt 20 Aufsätze erschienen, die sich inhaltlich mit dem UGB-AT befassen. Ferner wurden zwei umfangreiche Gutachten publiziert; es handelt sich um eine Stellungnahme des Arbeitskreises Rechtsfragen des "Bund für Umwelt und Naturschutz in Deutschland e.V." sowie das von Breuer verfaßte Gutachten zum 59. Deutschen Juristentag. Schließlich gab es bislang fünf größere Diskussionsveranstaltungen, zu denen eine Vielzahl von Tagungsberichten und Dokumentationen erschienen ist.

Das Erfordernis einer Vereinheitlichung und Systematisierung des geltenden Umweltrechts wird übereinstimmend als dringend notwendig erachtet. Der vorgelegte Entwurf eines UGB-AT wird fast durchgehend als hervorragende Diskussionsgrundlage bewertet.

Fast übereinstimmend läßt sich in den Äußerungen der Wunsch erkennen, das Umweltrecht nunmehr zu kodifizieren.

2. Die unabhängige Sachverständigenkommission

Der sog. "Professoren-Entwurf" eines Umweltgesetzbuchs gilt als Entwurf "reiner Theoretiker" des Umweltrechts. Um auch aus praktischer Sicht die Bestätigung dafür zu erhalten, daß ein Umweltgesetzbuch möglich und praktisch sinnvoll ist, hat der Bundesminister für Umwelt, Naturschutz und Reaktorsicherheit eine unabhängige "Sachverständigenkommission Umweltgesetzbuch" eingesetzt. Aufgabe der Kommission ist die Erarbeitung von Gesetzesvorschlägen nebst Begründung zur Vorbereitung eines Umweltgesetzbuchs im Ministerium; es geht darum, für die gesetzgebenden Organe eine Beschlußvorlage zu erarbeiten. In diesem Vorgehen gelangt der Wunsch der Bundesregierung zum Ausdruck, das Umweltrecht zu kodifizieren.

---

den Entwurf eines UGB-AT; Ständige Deputation des Deutschen Juristentags (Hrsg.), Verhandlungen des 59. Deutschen Juristentags 1992, Bd. II (Sitzungsberichte).

3. Der Stand der wissenschaftlichen Diskussion

Unter 1. hat Verfasser darauf hingewiesen, daß in der Wissenschaft fast durchweg der Wunsch geäußert wird, das Umweltrecht zu kodifizieren. Aus Gründen der Fairness ist aber auf Stellungnahmen hinzuweisen, die einem Umweltgesetzbuch in gewisser Weise skeptisch gegenüberstehen.

In seinem zum 59. Deutschen Juristentag erstellten Gutachten äußert sich Breuer[79] skeptisch. Er beurteilt die Finalisierung der heutigen Gesetzgebung, die sich in einer "Vielzahl sektoraler und teilweise temporaler, sich wechselseitig ergänzender Gesetze" entfalte, als ein Hindernis für eine Kodifikation. Weitere Schwierigkeiten folgten aus dem "Querschnittscharakter des Umweltschutzes", da eine "ganzheitliche Kodifikation mit unausweichlichen Zerschneidungseffekten gegenüber anderen gesetzlichen Regelungen" verbunden sei. Breuer hält es für ratsam, auch in "absehbarer Zukunft" die Bemühungen um rechtliche Verbesserungen des Umweltschutzes auf der Grundlage gesetzlicher Kontinuität sowie behutsamer Weiterentwicklung des geltenden Gesetzesrechts fortzusetzen. Gegen eine Teilkodifikation in Form eines sektorenübergreifenden Gesetzes zur Regelung allgemeiner Fragen des Umweltschutzes wendet sich Breuer freilich nicht. - Widerstand gegen die Kodifikation zeigt sich auch bei den um ihre Refugien fürchtenden Fachstandschaften; bei ihnen spielen Ressortegoismen eine nicht unbedeutende Rolle[80]. - Skeptisch bis ablehnend sind ferner die Referentenbeiträge sowie die Beschlußvorschläge des Podiums des 59. Deutschen Juristentags[81]. Diese Skepsis ließ die Mehrheit der stimmberechtigten Teilnehmer des 59. Deutschen Juristentags jedoch unbeeindruckt. Sie votierte zum Abschluß der Veranstaltung für ein Umweltgesetzbuch und verdeutlichte damit eine überwiegend positive Grundeinstellung zu den Kodifikationsbemühungen[82]. - Der BUND[83] lehnt eine Kodifi-

---

79 Gutachten, aaO, s. die Thesen ab S. 119.

80 Vgl. *Bohne*, Das Umweltrecht - Ein irregulare aliquod corpus et monstro simile, in: Koch (Hrsg.), Auf dem Weg zum Umweltgesetzbuch, S. 181 ff.

81 *Dolde* und *Hansmann*, Referate, in: Ständige Deputation des Deutschen Juristentags (Hrsg.), Gutachten und Sitzungsberichte des 59. Deutschen Juristentags, Bd. II, Teil N. - Vgl. insbesondere den Beschlußvorschlag 8 des Büros der Abt. Umweltrecht (Podiumsvorschlag): "Die notwendige Gesetzesaufgabe der Systematisierung und inneren Harmonisierung des Umweltrechts allein erfordert kein neues Gesetzbuch. Sie läßt sich auch durch eine schrittweise Angleichung der sektoralen Fachgesetze bewältigen..."; Abstimmungsergebnis: 43 Ja-Stimmen, 48 Nein-Stimmen, keine Enthaltung; abgedr. in: Ständige Deputation des Deutschen Juristentags, aaO, Teil N S. 203.

82 S. den Nachw. zuvor.

zierung des Umweltrechts in einem einheitlichen Umweltgesetzbuch nicht prinzipiell ab. Er kritisiert jedoch den vorgelegten "Professoren-Entwurf" des Allgemeinen Teils heftig. Er sieht in dem Entwurf Mängel; er lasse "nahezu alle Anforderungen an ein modernes Umweltschutzgesetz unerledigt" und reduziere "die Durchsetzungsfähigkeit umweltrechtlicher Regelungen in den speziellen Fachgesetzen erheblich". - In die gleiche Richtung gehen Äußerungen der Literatur[84], die sich wie folgt zusammenfassen lassen: Zum einen wird der Erlaß eines Umweltgesetzbuchs prinzipiell befürwortet, zum anderen wird bedauert, daß sich der Entwurf scheue, "i.S.d. Umweltschutzes neue Pflöcke einzuschlagen und so die ökologische Stellung zu verstärken". Diese Stimmen fordern schärfere Regelungen, der Entwurf sei "not tough enough".

Wenn man von Breuer absieht, der lediglich eine Teilregelung des Umweltrechts in einem Gesetz befürwortet, läßt sich durchweg in der Literatur der Wunsch erkennen, das Umweltrecht zu kodifizieren. Natürlich wird an einzelnen Aussagen des Entwurfs Kritik geübt. Alles in allem findet der Entwurf jedoch großes Lob; das Lob findet seinen Gipfel in der schönen Aussage, es handele sich um eine "imponierende gedankenreiche geistige Leistung"[85].

4. Konsequenz: Kodifikationswunsch

Die Bundesregierung wünscht ein Umweltgesetzbuch. An der rechtspolitischen Diskussion nehmen Praktiker des Umweltrechts wie auch Theoretiker des Umweltrechts teil; sie wünschen ebenfalls eine Kodifikation des Umweltrechts. Es läßt sich deshalb zusammenfassend feststellen: Alle am Umweltrecht Interessierten: Bundesregierung, Vertreter der Exekutive, Vertreter der Judikative, Vertreter der Unternehmen, Theoretiker, wünschen die Kodifikation des Umweltrechts.

IV. Kodifikationsvorteile

Der Wunsch nahezu aller am Umweltrecht Interessierten nach einer Kodifikation spricht für ein entsprechendes Vorgehen der am Gesetzgebungsver-

---

83 Arbeitskreis Rechtsfragen des Bund für Umwelt und Naturschutz in Deutschland e.V., Stellungnahme zum Umweltgesetzbuch - Allgemeiner Teil.

84 *Schrader*, IUR 1991, S. 50 ff.; *Ritter*, ZAU 1991, S. 294 ff.; *Laufs*, ZG 1992, S. 217 ff.; *Erbguth*, DVBl. 1992, S. 1131.

85 *Sendler*, DVBl. 1992, S. 1122.

fahren Beteiligten. Unabhängig davon müssen mit der Kodifikation aber auch sachliche Vorteile verbunden sein: zumindest eine Verbesserung der Regelungen sowie die Ermöglichung einer Verbesserung des Umweltschutzes. Diese Vorteile eines Umweltgesetzbuchs bedürfen der Hervorhebung.

Mit der Kodifikation des Umweltrechts des Bundes sind folgende allgemeine Vorteile verbunden:

- 1. Überwindung der Rechtszersplitterung durch Zusammenfassung in einem codex. Daß dieser Vorteil tatsächlich eintritt, zeigen die vorgelegten Professoren-Entwürfe zum UGB-AT und UGB-BT: Das in dem Gesamt-UGB in 598 Paragraphen zusammengefaßte Recht ist derzeit in mehr als 20 Einzelgesetzen normiert; ferner enthält es mit dem Bodenschutzrecht ein bislang fehlendes Bundesgesetz. Die Zusammenfassung dieser mehr als 20 Gesetze in einem Gesetz beseitigt eine historisch überkommene Aufspaltung des Rechts in eine Vielzahl von Einzelgesetzen definitiv.
- 2. Überwindung von Doppelnormierungen durch Schaffung eines Allgemeinen Teils und damit verbunden eine Reduzierung der Stoffmasse. Die Richtigkeit dieser Aussage belegen ebenfalls die Professoren-Entwürfe eines Umweltgesetzbuchs unmittelbar, wie anhand eines Beispiels demonstriert sei: Das Umweltrecht der Bundesrepublik kennt z.Zt. eine Vielzahl von Genehmigungsverfahren: Sie reichen von der Planfeststellung über die Genehmigung mit beschränkter Konzentrationswirkung (wobei der Umfang der Konzentrationswirkung unterschiedlich ist) bis hin zur einfachen Genehmigung ohne Konzentrationswirkung; daneben gibt es noch besondere Formen, wie z.B. die wasserrechtliche Bewilligung. Daß dieser Zustand so ist, wie er ist, beruht darauf, daß die einzelnen Rechtsgebiete in der Vergangenheit je spezifischen Mechanismen folgten, die sich in den Rechtsregeln niederschlugen. Es fehlte das Interesse an einheitlichen Normierungen. Indem die §§ 52-56 UGB-AT in Gestalt der "Umweltbewilligung" ein einheitliches Regelungsinstrument anbieten, auf das die Normen des UGB-BT Bezug nehmen, wird eine Vielzahl von Vorschriften eingespart, die die Genehmigung und ihr Verfahren betreffen. Nach Einschätzung der Verfasser des Umweltgesetzbuchs sind insgesamt mehr als 400 Paragraphen eingespart worden.
- 3. Überwindung von inhaltlichen Differenzen durch Verfolgung einheitlicher Konzepte für die gesamte Sachproblematik[86]. Für die Richtigkeit

---

[86] Ebenso Denkschrift (s. Vorwort), S. 13: "Demgegenüber ermöglicht ein Umweltgesetzbuch, die verschiedenen Fachrechte in ein normatives Gesamtkonzept ein-

dieser Aussage ist das zuvor behandelte Anlagengenehmigungsrecht ebenfalls ein Paradebeispiel: Es ist nicht einzusehen, weshalb beispielsweise manchen Genehmigungen Konzentrationswirkung zukommen soll und manchen nicht, obwohl sie einheitliche Situationen zu regeln haben - Situationen, die durch die gleichen Interessenkonflikte gekennzeichnet sind. Wenn Sachgesetzlichkeiten eine differente Gestaltung erfordern, besteht problemlos die Möglichkeit, eine Ausnahme an geeigneter Stelle im BT zu treffen. Insoweit ist die Regelungstechnik des BGB ein Vorbild. Einheitliche Konzepte zu verfolgen, erfordert aber einen Neuanfang im Bereich der Umweltgesetzgebung.

- 4. Überwindung inhaltlicher Komplexität infolge der Normierung einheitlicher Konzepte. Die inhaltliche Komplexität des geltenden Rechts ist Folge der Normierung unterschiedlicher Konzepte für ein und dieselbe Sachproblematik; wenn diese unterschiedlichen Konzepte entfallen und durch ein einheitliches Konzept für ein Sachproblem abgelöst werden, reduziert sich die inhaltliche Komplexität des Rechts entscheidend.

- 5. Möglichkeit der Normierung von Leitvorstellungen für das gesamte Umweltrecht. Dem bisherigen Umweltrecht fehlt der fachübergreifende Ansatz. Er muß ihm fehlen, weil dieser Ansatz neu ist. Er fehlt ihm aber auch, weil ein auf ein einziges Umweltmedium orientiertes Gesetz nicht der richtige Ort für medienübergreifende Ansätze ist.

- 6. Leichtere Lernbarkeit des Rechts als Folge der Reduzierung seiner Komplexität und ihre Ersetzung durch einheitliche Leitvorstellungen. Dieser Vorteil liegt unmittelbar auf der Hand: Je weniger differente Regeln existieren, desto geringer ist die zu erlernende Stoffmasse; je einfacher und klarer die Regeln, desto eher sind sie erlernbar.

- 7. Leichtere Handhabbarkeit/einfacherer Vollzug als Folge der leichteren Lernbarkeit. Auch dieser Vorteil liegt unmittelbar auf der Hand: Ist das Recht einfacher zu erlernen, können die Anwender es auch besser beherrschen. Dann aber können sie das Recht auch besser vollziehen. Das heute häufig beklagte Vollzugsdefizit im Umweltrecht ist auch eine Folge der Tatsache, daß dieses Recht wegen seiner Komplexität und Kompliziertheit häufig in den Köpfen der Rechtsanwender nicht "ankommt" und deshalb zwangsläufig unbeachtet bleibt; ferner kann mentaler Widerstand des

---

zubinden, in dem die allen Fachrechten gemeinsamen Rechtsgrundsätze in einem Allgemeinen Teil zusammengefaßt und die fachrechtlichen Besonderheiten jeweils in eigenen Abschnitten des Besonderen Teils des Umweltgesetzbuchs geregelt werden. Dieses Ergebnis läßt sich durch die Fortentwicklung einzelner Fachgesetze nicht erzielen, selbst wenn sie, an gemeinsamen Grundsätzen orientiert, im Rahmen eines Artikelgesetzes erfolgte."

Rechtsanwenders gegen neues Recht einfacher überwunden werden, wenn das neue Recht für die Rechtsanwender Vorteile verheißt: Der immer wieder zu hörende Satz: "Das haben wir schon immer so gemacht" verliert seinen Reiz, wenn die neue Machart für den Rechtsanwender vorteilhaft ist.

- 8. Leichtere Erreichbarkeit und Durchsetzbarkeit des Umweltrechts auch für Laien[87]. Die Durchsetzung des Umweltrechts erfolgt in der Praxis nicht ausschließlich durch Juristen, sondern ganz wesentlich durch Ingenieure und Techniker. Diese planen und "fahren" die Anlagen, die die Umwelt potentiell verschmutzen. Ingenieure und Techniker planen und realisieren ferner beispielsweise die Renaturierung von Gewässern und den Landschaftsbau. Diesen Nichtjuristen muß das Umweltrecht verständlich sein, damit sie die vom Recht gesetzten Maßstäbe für ihr Handeln erkennen und sich an ihnen orientieren können. Je einfacher und klarer das Recht ist, desto eher kann es durch diese für den praktizierten Umweltschutz außerordentlich wichtigen Personen umgesetzt werden. Das Bedürfnis dieses Personenkreises und der in Erfüllung des Bedürfnisses auch eher erfolgende Umweltschutz erfordert eine Vereinfachung des Umweltrechts. Wird es vereinfacht, ist es diesem Personenkreis leichter erreichbar.

- 9. Erhöhung des Umweltbewußtseins in der Bevölkerung als Folge des Vorhandenseins eines mit "Umweltgesetzbuch" bezeichneten Gesetzeswerks. Es leuchtet unmittelbar ein, daß ein als "Umweltgesetzbuch" bezeichnetes Gesetz die Bedeutung des Umweltschutzes im Bewußtsein der Bevölkerung erhöht. Ein Hinweis für die Richtigkeit dieser Auffassung ist die Aufnahme von Straftatbeständen, die sich bislang im sog. "Nebenstrafrecht" befanden, in das Strafgesetzbuch. Diese Aufnahme erfolgt, um die Bedeutung des durch den Straftatbestand geschützten Rechtsgutes zu erhöhen und seine Bedeutung im Bewußtsein der Bevölkerung zu verankern. Gleiches hat zur Folge die Kodifikation des gesamten Umweltrechts in einem Umweltgesetzbuch.

Und nicht zuletzt

- 10. Anerkennung der enormen Bedeutung des Umweltschutzes, die darin zum Ausdruck gelangt, daß sich alle gesellschaftlich relevanten Gruppen zu einer enormen Kraftanstrengung zusammenfinden, die die Schaffung eines Umweltgesetzbuchs erfordert.

---

87 Ebenso Denkschrift (s. Vorwort), S. 14.

Es ist ferner

- 11. auf folgendes hinzuweisen: Die Schaffung eines in seinen grundsätzlichen Aussagen auf der Höhe der Zeit befindlichen und denkbare zukünftige Herausforderungen an den Umweltschutz bereits aufnehmenden Umweltgesetzbuchs hätte eine nicht zu unterschätzende Entlastung zukünftiger Gesetzgeber zur Folge, wenn die Regelung technischer Einzelheiten dem Verordnunggeber überlassen bliebe. Der Gesetzgeber müßte sich zu einer ausgeprägten Arbeitsteilung zwischen dem Parlament auf der einen Seite und der Exekutive als Verordnunggeber auf der anderen Seite entschließen. Der dadurch verringerte Bedarf an parlamentarischer Tätigkeit läßt es als möglich erscheinen, daß der Gesetzestext längere Zeit unverändert bleibt - womit folgende Chancen verbunden wären: Das Gesetz könnte sich tiefer im Bewußtsein der Interessierten festsetzen; die Interessierten könnten ohne Furcht vor ständigen Gesetzesänderungen und im Vertrauen auf die Richtigkeit des Gelernten mit dem Gesetz arbeiten mit einer geringeren Fehlerquote als Folge; der Bedarf an der Klärung grundsätzlicher Probleme durch die Rechtsprechung könnte im Laufe der Zeit sinken und die Gerichte von der Lösung schwieriger Rechtsprobleme entlasten. Der Erfolg eines in der dargestellten Weise konstruierten Umweltgesetzbuchs wäre ein dreifacher: Entlastung zukünftiger Gesetzgeber, Erhöhung der Rechtssicherheit bei den Rechtsanwendern, langfristig gesehen Entlastung der Gerichtsbarkeit.

Die Summe dieser Vorteile[88] läßt die Kodifikation des Umweltrechts - alles in allem - nicht nur als sinnvoll, sondern geradezu als notwendig erscheinen. Selbst wenn man nicht davon überzeugt sein sollte, daß die Kodifikation des Umweltrechts eine Notwendigkeit darstellt, so dürfte die Qualifikation der Kodifikation als Rechtsfortschritt unabweisbar sein. Der Rechtsfortschritt ergibt sich aus der Überwindung des gravierendsten Nachteils, den der jetzige Zustand des Umweltrechts für die Umwelt mit sich bringt: Der jetzige Zustand des Umweltrechts ist dem Umweltschutz nicht förderlich. In vielen Bereichen, so insbesondere im Wasserrecht, zeigen sich Vollzugsdefizite - Defizite, die ausgeglichen werden müssen, damit die Umwelt wenigstens in ihrem jetzigen Zustand bewahrt bleibt und sich ihr Zustand nicht verschlechtert. Dazu leistet die Kodifikation eines Umweltgesetzbuchs einen wesentlichen Beitrag.

---

88 Als Summe der Vorteile einer Kodifikation betrachtet die Denkschrift (s. Vorwort), S. 14, daß eine Kodifikation des Umweltrechts den Zielen ökologischer Effektivität, ökonomischer Effizienz, materieller Gerechtigkeit, Rechtssicherheit und Transparenz im Umweltschutz besser Rechnung tragen kann als jeweils Gesetzesnovellen für Einzelbereiche des Umweltrechts.

V. Ergebnis

Das Umweltrecht des Bundes ist reif für eine Kodifikation. Die Möglichkeit der Kodifikation des Umweltrechts ist theoretisch vorhanden und praktisch belegt. In allen relevanten Kreisen besteht der Wunsch nach einer Kodifikation des Umweltrechts. Die Kodifikation ist mit einer Vielzahl von Vorteilen verbunden.

Die Kodifikation des Umweltrechts ist ein Rechtsfortschritt.

C. Der Erlaß eines "Umweltgesetzes für das Land Brandenburg" als Rechtsfortschritt

Die für die Kodifikation des Bundesrechts hervorgehobenen Kriterien sind in ihrer Anwendbarkeit nicht auf das Bundesrecht beschränkt, sondern besitzen in gleicher Weise Bedeutung auch für das Landesumweltrecht. Das Problem der Kodifikation stellt sich - grundsätzlich betrachtet - für das Landesrecht ebenso wie für das Bundesrecht. Bundesrecht und Landesrecht sind aber in gleicher Weise "Recht"; ein Unterschied besteht lediglich im räumlichen Geltungsbereich. Dann aber fehlt mit Blick auf die hier relevanten Kriterien ein Grund, die Perspektive zu wechseln. - Hinzuweisen ist für die folgenden Ausführungen darauf, daß zunächst "allgemein", also mit dem Land Brandenburg lediglich als Beispiel argumentiert wird, anschließend mit Blick auf die spezifische Situation Brandenburgs.

I. Kodifikationsreife

Die Antwort auf die Frage nach der Kodifikationsreife des Landesumweltrechts (nicht nur, aber auch von Brandenburg) benötigt als erstes eine Bestandsaufnahme des vorhandenen Umweltrechts. Ferner sind Aussagen zu treffen zu dem Problem, ob unabhängig von der Idee, dieses Recht zu kodifizieren, Arbeiten an ihm notwendig sind. Sollten sich notwendige Gesetzesarbeiten zeigen, ist der Vorschlag nicht fernliegend, diese in einem - umgangssprachlich gesprochen - "Abwasch" in Zusammenhang mit dem Erlaß eines Landesumweltgesetzes zu erledigen - wenn nicht andere Erwägungen dieser Arbeitskonzentration entgegenstehen. Sodann ist darzulegen, welchen Beitrag das Landesumweltrecht selbst zur Rechtszersplitterung erbringt und inwieweit es selbst durch Rechtszersplitterung geprägt ist. Schließlich sind spezielle Gegenargumente gegen den Erlaß eines Landesumweltgesetzes zu erwägen.

1. Vorhandenes und denkbares zukünftiges Landesumweltrecht

a) Quantität und Qualität des vorhandenen Landesumweltrechts

Es ist zunächst auf den Umstand hinzuweisen, daß es auf dem Gebiete des Landesrechts Umweltrecht nicht in dem Umfang gibt wie auf dem Gebiete des

Bundesrechts. Dieses Faktum beruht auf folgendem: Der Bund besitzt für alle Bereiche des Umweltrechts i.e.S. die Gesetzgebungskompetenz, von der er weitgehend Gebrauch gemacht hat. Die Gesetzgebungskompetenz folgt für das Naturschutzrecht aus Art. 75 Nr. 3 GG, für das Wasserrecht aus Art. 75 Nr. 4 GG, für das Bodenschutzrecht aus Art. 74 Nr. 18 GG (Bodenrecht) sowie weitere Normen (Mosaikkompetenz)[89], für das Luftreinhalterecht aus Art. 74 Nr. 24 GG, für das Recht der Kernenergie und des Strahlenschutzes aus Art. 74 Nr. 11 a GG, für das Recht der gefährlichen Stoffe aus Art. 74 Nr. 11 i.V.m. Art. 74 Nr. 20 GG (Pflanzenschutzmittel), für das Recht der Abfallwirtschaft aus Art. 74 Nr. 24 GG. Es handelt sich entweder um eine Rahmengesetzgebungskompetenz oder um eine konkurrierende Gesetzgebungskompetenz. Für das Recht der Länder zum Gesetzeserlaß und damit auch (für das Land Brandenburg) zum Erlaß eines Landesumweltgesetzes hat das zur Folge:

1. Für die Rahmengesetzgebung: Ein erlassenes Rahmengesetz beschränkt die Länder in ihrer Kompetenz zum Gesetzeserlaß. Wenn ein Land nicht den vom Bund gesteckten Rahmen beachtet und ihn überschreitet, verletzt es die Kompetenzverteilung zwischen Bund und Ländern[90]. Freilich darf ein Rahmengesetz nicht zu einer "Vollregelung" anwachsen. Den Ländern muß ein derart großer Regelungsspielraum verbleiben, daß sie Raum finden für eine den Rahmen beachtende landesspezifische Problemlösung[91].

Für dasjenige Umweltrecht des Bundes, welches Rahmenrecht nach Art. 75 GG ist, also das Naturschutzrecht und das Wasserrecht, muß auf eine neue Rechtslage hingewiesen werden, die seit dem 15. November 1994 besteht. An diesem Tag trat das Gesetz zur Änderung des Grundgesetzes v. 27. Oktober 1994 in Kraft[92]. Dieses Gesetz ändert insgesamt 14 Artikel des Grundgesetzes. Hier von Interesse sind die Änderung des Art. 75 GG und der neue Art. 125 a Abs. 2 GG. Nach Art. 75 Abs. 2 GG dürfen Rahmenvorschriften nur in Ausnahmefällen in Einzelheiten gehende oder unmittelbar geltende Rechtsnormen enthalten. Diese Regelung bedingt für die Zukunft eine erhebliche Beschränkung der Möglichkeiten des Bundes, auf den Gebieten tätig zu werden, für die er die Kompetenz für den Erlaß von Rahmenrecht besitzt. Den Ländern werden größere Regelungsmöglichkeiten eröffnet. Diese sind in ihrem Umfang abhängig von den Möglichkeiten des Bundes, rechtmäßig regelnd

[89] *Peine*, Die Gesetzgebungskompetenz des Bundes zum Erlaß eines Bodenschutzgesetzes, Natur und Recht 1992, S. 353 ff.

[90] BVerfGE 4, 115 ff.

[91] BVerfGE 43, 291/343; 66, 270/285; BVerwGE 64, 142/147.

[92] BGBl. I S. 3146 ff.

tätig zu werden. Insoweit ist der Regelungsbereich der Länder immer noch eine vom Bund abhängige Größe. Wie umfangreich das Regelungsrecht des Bundes in der Zukunft sein wird und wie stark die Beschränkungen der Länder noch sein werden, muß der wissenschaftlichen Diskussion und letztlich einer klärenden Entscheidung des Bundesverfassungsgerichts vorbehalten bleiben. Die zuvor auf der Grundlage des alten Rechts getroffenen Feststellungen bleiben weiterhin gültig, wenn der Bund Detailregelungen und unmittelbar geltende Regelungen in Rahmengesetzen auch in der Zukunft treffen dürfte auf den von den Gesetzen erfaßten Gebieten, auf denen er in der Vergangenheit schon durch den Erlaß von Detailregelungen und unmittelbar geltenden Regelungen tätig geworden ist. Er dürfte dann das Wasserhaushaltsgesetz und das Bundesnaturschutzgesetz novellieren. Zu dieser Frage äußert sich möglicherweise Art. 125 a Abs. 2 GG. Die Norm ist m.E. unklar. Sie lautet: "Recht, das auf Grundlage des Artikels 72 Abs. 2 in der bis zum 15. November 1994 geltenden Fassung erlassen worden ist, gilt als Bundesrecht fort. Durch Bundesgesetz kann bestimmt werden, daß es durch Landesrecht ersetzt werden kann. Entsprechendes gilt für Bundesrecht, das vor diesem Zeitpunkt erlassen worden ist und das nach Art. 75 Abs. 2 nicht mehr erlassen werden könnte." Nach dieser Vorschrift gelten auf der Grundlage der konkurrienden Gesetzgebungszuständigkeit des Bundes erlassene Gesetze unverändert fort. Landesrecht kann dieses Bundesrecht ersetzen, wenn der Bund den Ländern diese Möglichkeit einräumt. Beide Aussagen gelten nach Art. 125 a Abs. 2 Satz 3 GG für erlassenes Rahmenrecht, welches in Zukunft der Bund wegen Art. 75 Abs. 2 GG nicht mehr erlassen darf. Das bedeutet, daß das existierende Rahmenrecht in seiner jetzigen Form - mit Detailregelungen und mit unmittelbar geltenden Regelungen - als Bundesrecht weitergilt und nur nach einer bundesgesetzlichen Erlaubnis durch Landesrecht ersetzt werden darf. Die Frage lautet, ob der Bund sich durch diese Normierung auch oder noch das Recht vorbehalten hat, den Kreis derjenigen rahmenrechtlichen Regelungen zu verändern, die jetzt vorhanden sind. Sollte das der Fall sein, muß das zukünftige Verhalten des Bundes abgewartet und das Vorgehen des Landes darauf abgestimmt werden. Sollte die aufgeworfene Frage zu verneinen sein, muß - mit Blick auf Defizite des Wasserrechts - der Landesgesetzgeber tätig werden. Für das Naturschutzrecht bleibt abzuwarten, ob ein Bundesgesetz bestimmen wird, daß Regelungen des Bundesnaturschutzgesetzes durch Landesrecht ersetzt werden können.

2. Für die konkurrierende Gesetzgebung: Wenn der Bund gesetzgeberisch tätig geworden ist, dann besteht für die Länder ein Recht zur Gesetzgebung lediglich insoweit, als das Bundesgesetz eine Lücke gelassen hat; in diese Lücke darf der Landesgesetzgeber eintreten. Das Vorhandensein einer Lücke ist durch Auslegung aufgrund einer Gesamtwürdigung des betreffenden Nor-

menkomplexes zu ermitteln; eine von den Ländern als unzulänglich empfundene Regelung erlaubt es ihnen nicht, die Regelung durch Landesrecht nachzubessern. Die Sperrwirkung einer vollständigen bundesrechtlichen Regelung steht auch einer lediglich ergänzenden landesrechtlichen Regelung entgegen[93]. - Unabhängig von dem Typ der Gesetzgebung verbleibt den Ländern das Recht zur Regelung von Ausführungsbestimmungen. Quantitativ gesehen muß es als Folge dieser Rechtslage weniger Landesumweltrecht als Bundesumweltrecht geben.

Qualitativ ist das Landesrecht nicht lediglich Durchführungsrecht, dessen Zusammenfassung in einem Landesumweltgesetz sich nicht lohnte. Es ist in vielerlei Hinsicht eigenständiges materielles Recht und muß dieses auch sein.

Speziell für das Land Brandenburg folgt die Richtigkeit dieser Aussage - losgelöst vom einfachgesetzlichen Recht - schon daraus, daß in Brandenburg eine Reihe landesverfassungsrechtlicher Aussagen zum Umweltschutz existiert.[94] Art. 39 und Art. 40 der Verfassung des Landes Brandenburg äußern sich - im Vergleich zu anderen Landesverfassungen - in ungewöhnlich umfangreicher Weise zum Schutz der natürlichen Lebensgrundlagen und zur Nutzung des Grund und Bodens[95]. Dem muß das Land durch eigenständiges

---

93 Zum Vorstehenden s. z.B. *Stern*, Das Staatsrecht der Bundesrepublik Deutschland, Bd. II, S. 595; *v.Münch*, Grundgesetz-Komm., 2. Aufl. 1983, Art. 72 Rn. 6; BVerfGE 7, 342/347; zusammenfassend *Peine*, Der Spielraum des Landesgesetzgebers im Abfallrecht, NWVBl. 1988, S. 193 ff.

94 Zu den Aussagen der Brandenburgischen Verfassung zum Umweltschutz s. *Balensiefen*, in: Simon/Franke/Sachs (Hrsg.), Handbuch der Verfassung des Landes Brandenburg, § 8.

95 Die beiden Vorschriften der Verfassung von Brandenburg lauten: Art. 39 (Schutz der natürlichen Lebensgrundlagen): (1) Der Schutz der Natur, der Umwelt und der gewachsenen Kulturlandschaft als Grundlage gegenwärtigen und zukünftigen Lebens ist Pflicht des Landes und aller Menschen. (2) Jeder hat das Recht auf Schutz seiner Unversehrtheit vor Verletzungen und unzumutbaren Gefährdungen, die aus Veränderungen der natürlichen Lebensgrundlagen entstehen. (3) Tier und Pflanze werden als Lebewesen geachtet. Art und artgerechter Lebensraum sind zu erhalten und zu schützen. (4) Die staatliche Umweltpolitik hat auf den sparsamen Gebrauch und die Wiederverwendung von Rohstoffen sowie auf die sparsame Nutzung von Energie hinzuwirken. (5) Land, Gemeinden, Gemeindeverbände und sonstige Körperschaften des öffentlichen Rechts haben die Pflicht, die Umwelt vor Schäden oder Belastungen zu bewahren und dafür Sorge zu tragen, daß Umweltschäden beseitigt oder ausgeglichen werden. Öffentliche und private Vorhaben bedürfen nach Maßgabe der Gesetze des Nachweises ihrer Umweltverträglichkeit. Eigentum kann eingeschränkt werden, wenn

Landesumweltrecht - im Rahmen seiner Gesetzgebungsmöglichkeiten - Rechnung tragen, wenn es nicht gegen die Verfassung des Landes verstoßen will. Das Umweltrecht des Landes Brandenburg ist deshalb eigenständiges materielles Recht.

Diese Feststellung gilt ferner unabhängig von verfassungsrechtlichen Vorgaben. Sie ist zunächst richtig für das Naturschutzrecht und das Wasserrecht, zu dessen Erlaß das Land verpflichtet ist. Das einschlägige Bundesrecht ist Rahmenrecht. Zur Ausfüllung des Rahmens sind die Länder verpflichtet[96].

---

durch seinen Gebrauch rechtswidrig die Umwelt schwer geschädigt oder gefährdet wird. (6) Die Entsorgung von Abfällen, die nicht im Gebiet des Landes entstanden sind, ist unter Berücksichtigung der Besonderheiten Berlins nur in Ausnahmefällen zulässig und auszuschließen, sofern sie nach ihrer Beschaffenheit in besonderem Maße gesundheits- oder umweltgefährdend sind. Das Nähere regelt ein Gesetz. (7) Das Land, die Gemeinden und Gemeindeverbände sind verpflichtet, Informationen über gegenwärtige und zu erwartende Belastungen der natürlichen Umwelt zu erheben und zu dokumentieren; Eigentümer und Betreiber von Anlagen haben eine entsprechende Offenbarungspflicht. Jeder hat das Recht auf diese Information, soweit nicht überwiegende öffentliche oder private Interessen entgegenstehen. Das Nähere regelt ein Gesetz. (8) Die Verbandsklage ist zulässig. Anerkannte Umweltverbände haben das Recht auf Beteiligung an Verwaltungsverfahren, die die natürlichen Lebensgrundlagen betreffen. Das Nähere regelt ein Gesetz. (9) Das Land wirkt darauf hin, daß auf dem Landesgebiet keine atomaren, biologischen oder chemischen Waffen entwickelt, hergestellt oder gelagert werden.

Art. 40 (Grund und Boden): (1) Die Nutzung des Bodens und der Gewässer ist in besonderem Maße den Interessen der Allgemeinheit und künftiger Generationen verpflichtet. Ihre Verkehrsfähigkeit kann durch Gesetz beschränkt werden. Grund und Boden, der dem Land gehört, darf nur nach Maßgabe eines Gesetzes veräußert werden. Seine Nutzung ist vorzugsweise über Pacht und Erbbaurecht zu regeln. (2) Der Abbau von Bodenschätzen bedarf der staatlichen Genehmigung. Dabei ist dem öffentlichen Interesse an der schonenden Nutzung des Bodens besonderes Gewicht beizumessen. (3) Land, Gemeinden und Gemeindeverbände sind verpflichtet, der Allgemeinheit den Zugang zur Natur, insbesondere zu Bergen, Wäldern, Seen und Flüssen, unter Beachtung der Grundsätze für den Schutz der natürlichen Umwelt freizuhalten und ggf. zu eröffnen. (4) Die Einrichtung und Erhaltung von Nationalparks, Natur- und Landschaftsschutzgebieten sind zu fördern. Naturdenkmale stehen unter öffentlichem Schutz. Das Nähere regelt ein Gesetz. (5) Das Land wirkt darauf hin, daß militärisch genutzte Liegenschaften verstärkt einer zivilen Nutzung zugeführt werden.

96 Die Verpflichtung ergibt sich nunmehr aus Art. 75 Abs. 3 § 9 i.d.F. des Gesetzes v. 27.10.1994; die Vorschrift lautet: "Erläßt der Bund Rahmenvorschriften, so sind die Länder verpflichtet, innerhalb einer durch das Gesetz bestimmten angemessenen

Ein in jeder Hinsicht eigenständiges Recht wäre ferner ein Bodenschutzgesetz, weil ein solches Recht auf Bundesebene bislang fehlt[97]; eigenständiges Recht enthielte ein Landes-Bodenschutzgesetz auch dann, wenn der vorgelegte Entwurf eines Bundes-Bodenschutzgesetzes Gesetzeskraft erhielte: Der Entwurf ist derart lückenhaft, daß er nach "kräftigem" Landesrecht geradezu schreit. Auch nach dem Wirksamwerden des Kreislaufwirtschafts-/Abfallgesetzes[98] bestehen schließlich Regelungsmöglichkeiten der Länder im Bereich der Abfallwirtschaft fort. - Für das Luftreinhalterecht hat das Land wohl nur geringe Regelungsmöglichkeiten, da das Bundes-Immissionsschutzgesetz die von Anlagen ausgehende Luftverunreinigung sowie den von Anlagen ausgehenden Lärm weitgehend regelt. Landesrechtliches Atomrecht fehlt in allen Bundesländern mangels Gesetzgebungsmöglichkeiten. Das gleiche gilt für das Gefahrstoffrecht und das Gentechnikrecht.

Alle Landesgesetzgeber haben die ihnen zustehenden Regelungsmöglichkeiten mehr oder minder ausgeschöpft - vom Bodenschutzrecht[99] abgesehen. Folgende brandenburgische Umweltgesetze sind vorhanden:

- Brandenburgisches Gesetz über Naturschutz und Landschaftspflege (Brandenburgisches Naturschutzgesetz - BbgNatSchG) v. 25.6.1992, GVBl. S. 208
- Brandenburgisches Wassergesetz (BbgWG) v. 13.7.1994, GVBl. S. 302

Frist die erforderlichen Landesgesetze zu erlassen." Die Pflicht der Länder zur Ausfüllung von Rahmenrecht war früher umstritten, s. die Nachw. bei *Peine*, Systemgerechtigkeit - Die Selbstbindung des Gesetzgebers als Maßstab der Normenkontrolle, S. 137 ff.; hier auch die Begründung der These, daß die Rechtspflicht zur Ausfüllung von Rahmenrecht besteht, die nunmehr im Grundgesetz Anerkennung gefunden hat.

97 Es existiert der Referenten-Entwurf eines Bundes-Bodenschutzgesetzes i.d.F. v. 7.2.1994, abgedr. in: Deutscher Juristentag, Gutachten zum 60. Deutschen Juristentag, S. B 5 ff.

98 Gesetz zur Förderung der Kreislaufwirtschaft und Sicherung der umweltverträglichen Beseitigung von Abfällen (Kreislaufwirtschafts- und Abfallgesetz - KrW-/AbfG), verkündet als Art. 1 des Gesetzes zur Vermeidung, Verwertung und Beseitigung von Abfällen v. 27.9.1994, BGBl. I, S. 2705. Das Gesetz tritt im wesentlichen am 7.10.1996 in Kraft, s. Art. 13. Vorstellung des Gesetzes durch *Petersen/Rid*, Das neue Kreislaufwirtschafts- und Abfallgesetz, NJW 1995, S. 7 ff.

99 Spezifisches Bodenschutzrecht gibt es nur in Baden-Württemberg und Sachsen. Auf diese Normen wird u. näher eingegangen.

- Vorschaltgesetz zum Immissionsschutz (LImSchG) v. 3.3.1992, GVBl. S. 78
- Vorschaltgesetz zum Abfallgesetz für das Land Brandenburg (LAbfVG) v. 20.2.1992, GVBl. S. 16.
- Vorschaltgesetz zum Landesplanungsgesetz und Landesentwicklungsprogramm für das Land Brandenburg v. 6.12.1991, GVBl. S. 616.

Bei Beachtung der Regelungsgegenstände des UGB-BT fehlen - auf den ersten Blick - noch Gesetze zum Bodenschutz, zum Umgang mit der Kernenergie und zum Umgang mit Gefahrstoffen. Diese Gesetze fehlen freilich nur auf den ersten Blick. Wie zuvor hervorgehoben, sind landesrechtliche Normen zum Atomrecht und Gefahrstoffrecht kaum vorstellbar; in den anderen Bundesländern fehlt auf diesen Gebieten Landesrecht ebenfalls. Bei Betrachtung der typischen Regelungsgegenstände für ein Bodenschutzgesetz: dem quantitativen und dem qualitativen Bodenschutz sowie des Rechts der Bodensanierung einschließlich des Rechts der Altlastensanierung[100], fällt auf, daß ein Recht der Altlastensanierung bereits im Vorschaltgesetz zum Abfallgesetz vorhanden ist: in den §§ 25-31 geregelt. Der Gesetzgeber des Landes Brandenburg hat damit den für dieses Recht typischen Regelungsort gewählt, wohl mangels einer Alternative. Sachlich gehört das Altlastensanierungsrecht in das Bodenschutzrecht. Einen Bereich des Bodenschutzrechts hat der Gesetzgeber des Landes Brandenburg nach alledem schon normiert.

b) Erweiterungen des vorhandenen Landesumweltrechts

Diese - am Beispiel des Landes Brandenburg - vorgestellte Rechtsmasse erweitert sich mit Blick auf die besonderen Gebiete, wenn man an landesrechtliche Regelungen für den Klimaschutz und den Bodenschutz denkt.

Die Rechtsmasse erweitert sich speziell für das Land Brandenburg im Hinblick auf mögliche Regelungsgegenstände eines Allgemeinen Teils. Erinnert sei in diesem Zusammenhang lediglich an bislang nicht erfüllte Gesetzgebungsaufträge der Verfassung des Landes Brandenburg v. 20.8.1992. Nach Art. 39 Abs. 7 ist ein Umweltinformationsgesetz zu erlassen; das Land, die Gemeinden und Gemeindeverbände sind verpflichtet, Informationen über gegenwärtige und zu erwartende Belastungen der natürlichen Umwelt zu erheben und zu dokumentieren; Eigentümer und Betreiber von Anlagen haben eine entsprechende Offenbarungspflicht; jeder hat das Recht auf diese Infor-

---

[100] Zu diesen Inhalten eines Bodenschutzgesetzes s. *Peine*, in: Jarass u.a. (Hrsg.), Umweltgesetzbuch - Besonderer Teil, S. 557.

mationen, soweit nicht überwiegende öffentliche oder private Interessen entgegenstehen; das Nähere regelt ein Gesetz. Wie darzulegen sein wird, bleibt trotz eines einschlägigen Bundesgesetzes[101] dem Landesgesetzgeber eine zu erfüllende Regelungspflicht. Nach Art. 39 Abs. 8 ist die Einführung der Verbandsklage zu regeln; nach dieser Norm ist die Verbandsklage zulässig; anerkannte Umweltverbände haben das Recht auf Beteiligung an Verwaltungsverfahren, die die natürlichen Lebensgrundlagen betreffen; das Nähere regelt ein Gesetz. Dieser Auftrag ist durch die Regelung im Landesnaturschutzgesetz[102] bislang unvollkommen erfüllt.

2. Der Beitrag des Landesrechts zur Rechtszersplitterung

a) Rechtszersplitterung als Folge seiner Existenz

Das vorhandene und noch zu erlassende Landesumweltrecht teilt das Schicksal des Bundesrechts, welches es ausfüllt oder ergänzt: Es trägt zur Rechtszersplitterung bei. Diesen Beitrag leistet das Landesumweltrecht schon deshalb, weil es den Bestand an umweltrechtlichen Normen vermehrt. Dieser Beitrag ist unvermeidbar: Auf dem Gebiete des Naturschutzrechts und des Wasserrechts muß das Rahmenrecht des Bundes ausfüllendes Landesrecht erlassen werden, damit das Bundesrecht nicht rechtswidrigerweise leerläuft. Das Bundesrecht ergänzendes Recht auf dem Gebiete des Immissionsschutz- und des Abfallrechts muß erlassen werden, weil das Bundesrecht lückenhaft ist und das Interesse des Umweltschutzes ergänzendes Landesrecht erfordert.

b) Rechtszersplitterung durch neue Gesetze

Die Funktion, zur Rechtszersplitterung beizutragen, kommt auch dem unabhängig vom Bundesrecht zu erlassenden eigenständigen Landesrecht zu. Dieses gilt für das Klimaschutzrecht. In Verfolgung der bisherigen Regelungstechnik müßte ein selbständiges Klimaschutzgesetz für das Land Brandenburg geschaffen werden. Dieses neue Gesetz leistet allein durch seine Existenz einen Beitrag zur Rechtszersplitterung. - Das gleiche gilt für das noch zu erlassende Bodenschutzrecht.

---

[101] Zu diesem Problem Näheres u.

[102] Zu diesem Problem Näheres u.

c) Rechtszersplitterung durch Disharmonien

Das Landesrecht von Brandenburg trägt aber nicht allein durch seine Existenz - wie jedes andere Landesrecht auch - zur Zersplitterung des Umweltrechts bei, sondern es enthält - wie jedes andere Landesrecht ebenfalls - Disharmonien, die beseitigungsbedürftig oder zumindest beseitigungsfähig sind. Auf folgende Disharmonien sei hingewiesen:

- Es sind zunächst in den vorhandenen Landesgesetzen betreffend den Umweltschutz formale Unterschiede zu verzeichnen: Das Wassergesetz ist in 17 Kapitel ausdifferenziert; das Naturschutzgesetz enthält 11 Abschnitte; das Immissionsschutzgesetz besteht aus 5 Abschnitten; das Abfallgesetz hat 9 Abschnitte. Die erste festzustellende formale Differenz besteht in den unterschiedlichen Gliederungsüberschriften Kapitel/Abschnitt. - Eine zweite Differenz betrifft den Standort der Bußgeldvorschriften. Im Wassergesetz und im Naturschutzgesetz bilden diese ein eigenes Kapitel bzw. einen eigenen Abschnitt, im Immissionsschutzrecht ist der Bußgeldtatbestand eine Norm der gemeinsamen Vorschriften, im Abfallrecht gibt es wieder einen eigenen Abschnitt. Diese Differenzierung kann problemlos entfallen. - Die sog. Übergangs- und Schlußvorschriften enthalten unterschiedliche Regelungsgegenstände. Zum Teil, wie im Wassergesetz, enthalten sie auch Überleitungsrecht, zum Teil, wie im Abfallrecht, Aussagen über die Durchführung des Gesetzes und Änderungen anderer Normen, zum Teil Verweise auf andere Gesetze, wie im Immissonsschutzrecht. Die Unterschiede können problemlos eingeebnet werden. - Bei diesen Differenzen handelt es sich um formale Unterschiede. Über die Notwendigkeit, sich der Abarbeitung rein äußerlicher Unterschiede zu widmen, mag man streiten. Zu bedenken ist freilich: Ein im Rahmen seiner Arbeit auch formale Prinzipien berücksichtigender Gesetzgeber trägt dazu bei, das Finden von Recht für jedermann zu erleichtern; er ist nicht der Knecht starrer Prinzipien: Setzt sich langfristig - mit Blick auf den Aufbau eines Gesetzes - eine bestimmte Struktur durch, dann wissen die am Recht Interessierten sofort, wo was zu finden ist. Dieser die Arbeit aller am Recht Interessierten erleichternde Effekt darf nicht unterschätzt werden. Ferner führt die Einhaltung von formalen Aspekten zu einer Disziplinierung der Arbeit. Disziplin ist nicht Selbstzweck, sondern in hohem Maße Garant für die Richtigkeitsgewähr der Arbeit.

- Die Gesetze enthalten materielle Differenzen, über deren Einebnung zumindest nachzudenken ist. Eine erste Differenz betrifft das Verwaltungsverfahren. Das Wasserrecht kennt viele differente Regelungen: das "normale" Verfahren, das förmliche Verfahren, das Planfeststellungsverfahren und das Verfahren bei Entschädigung; es finden sich jeweils Spezialbestimmungen, es finden sich aber auch Wiederholungen des Bundesrechts; auch Selbstverständliches wird aufgeführt. Dieses Recht könnte stark vereinfacht werden, ohne daß sein Gehalt sich änderte. Es ist auch zu diskutieren, ob es wirklich bei den unterschiedlichen Verfahren bleiben muß, z.B. beim förmlichen Verwaltungsverfahren; nur wenige Landeswassergesetze verweisen auf diesen Fall. - § 28 LNatSchG kennt ein Verfahrensrecht für die Unterschutzstellung. Dieses enthält für die Anhörung der Bürger Recht, welches dem Planfeststellungsrecht ähnelt. Es könnte darüber nachgedacht werden, warum es diesem nicht gleicht - warum es also nicht mit dem Wasserrecht - soweit einschlägig - identisch ist. Zumindest sind auf den ersten Blick Gründe für die unterschiedliche Behandlung nicht ersichtlich. Sollte es zu einer Angleichung kommen, kann dieses Recht in einen Allgemeinen Teil aufgenommen werden.

d) Ergebnis

Wenn für das Bundesrecht die Frage nach der Kodifikationsreife zu bejahen war, dann ist - im Grundsatz - nicht ersichtlich, warum sie für das Landesrecht zu verneinen sein sollte, wenn das Landesrecht den Zustand des Bundesrechts teilen sollte. Das ist der Fall. Das Landesrecht ist genauso wie das Bundesrecht formell zersplittert und materiell uneinheitlich. Für das Land Brandenburg ist noch besonders zu betonen, daß durch zukünftig zu erlassendes Landesumweltrecht die formelle Rechtszersplitterung zunehmen und die materielle Zersplitterung jedenfalls nicht abnehmen wird. Damit ist in jedem Land das Umweltrecht kodifikationsreif. Diese Aussage gilt unabhängig von der Relation Bundesrecht-Landesrecht. Die Frage der Kodifikationsreife des Landesrechts ist, gemessen an den erarbeiteten Kriterien, eigenständig zu bejahen. Dieses Bejahen der Kodifikationsreife gilt für Brandenburg in besonderem Maße, weil es in diesem Bundesland mehr Umweltrecht als in anderen Bundesländern gibt.

3. Mögliche Einwände gegen eine Kodifikation

Es sind jedoch denkbare Einwände gegen eine Kodifikation des Landesrechts zu erwägen. Diese Einwände haben aber mit der Kodifikationsreife des Landesumweltrechts - gemessen an den erarbeiteten Kriterien - an sich nichts zu tun. Ein erster potentieller Einwand bezieht sich auf das Problem, ob rein quantitativ das vorhandene Landesumweltrecht überhaupt kodifikationswürdig ist. Zum zweiten wird bedacht, ob eine Differenzierung in einen Allgemeinen Teil und in einen Besonderen Teil vom Stoff her betrachtet möglich ist. Die anderen Einwände beziehen sich auf die Frage, ob eine Kodifikation in naher Zukunft sinnvoll ist. Ein insoweit erster Einwand könnte darin gesehen werden, daß es sinnlos sei, das Landesrecht in naher Zukunft zu kodifizieren, obwohl eine Kodifikation des Bundesrechts erst in ferner Zukunft zu erwarten ist. Ein insoweit zweiter Einwand könnte an der denkbaren Vereinigung von Berlin und Brandenburg ansetzen.

a) Landeskodifikation und "Mengenfrage"

Die zuvor aufgezählten brandenburgischen Gesetze haben zusammen ca. 320 Paragraphen. Hinzu kommen noch zu erlassende Vorschriften, sei es in Erfüllung von Verfassungsaufträgen, sei es, um bislang ungeregelte Gefahrenlagen zu erfassen. Es ist problemlos vorstellbar, daß sicherlich mehr als 350 Vorschriften umweltrechtlicher Art in Form von Landesgesetzen - ohne Rechtsverordnungen - existieren bzw. geschaffen werden. Erfaßt ist in dieser Zahl noch nicht das Landesorganisationsrecht auf dem Gebiete des Umweltrechts.

Quantitativ hat das Landesumweltrecht von Brandenburg mindestens den Umfang des Strafgesetzbuchs des Bundes. Damit erledigt sich m.E. die Kodifikationsfrage unter dem Aspekt der Mengenproblematik von selbst. Unabhängig davon läßt sich durch Zusammenfassung von Gesetzen immer ein Kürzungseffekt erzielen - die Zahl der Paragraphen ist dafür nicht entscheidend. Auf die Kürzung und den mit ihr verbundenen Gewinn an Übersichtlichkeit aber kommt es entscheidend an.

Die "Mengenfrage" enthält keinen Einwand gegen eine Kodifikation des Landesumweltrechts.

b) Differenzierung der Landeskodifikation in einen "Allgemeinen" und in einen "Besonderen Teil"

Das vorhandene Landesumweltrecht müßte unter dem Aspekt der erfaßten bzw. erfaßbaren Regelungsgegenstände ausreichen, um ein Landesumweltgesetz in einen Allgemeinen Teil und in einen Besonderen Teil aufzuspalten. In den Allgemeinen Teil gehört der gesamte Rechtsstoff, der "vor die Klammer" gezogen werden kann. Daß es genügend Stoff in diesem Sinne gibt, sei an dieser Stelle nur angedeutet und nicht näher inhaltlich aufgeführt: die Zweckregelung des Gesetzes unter Einschluß der landesverfassungsrechtlichen Vorgaben, Definitionen von mehrfach verwandten Begriffen, das Recht der Umweltplanung, das Recht der Umweltinformationen, die Beteiligung von Verbänden an Verfahren sowie die Verbandsklage, das Recht der Verordnunggebung auf dem Gebiete des Umweltschutzes, die Errichtung der für den Umweltschutz zuständigen Behörden sowie die Festlegung ihrer Zuständigkeiten.

Damit existiert genügend Rechtsstoff, der die Einteilung eines Umweltgesetzes für Brandenburg in einen Allgemeinen Teil und in einen Besonderen Teil als sinnvoll erscheinen läßt. Hinzu kommen noch Regelungen, die für mehrere Sektoren des speziellen Umweltschutzrechts Geltung besitzen könnten, wenn sich der Landesgesetzgeber für ihren Erlaß entscheiden könnte: z.B. das allgemeine Abgabenrecht, auf das spezielle Abgabenregelungen in den besonderen Teilen des Umweltgesetzes für das Land Brandenburg verweisen könnten.

c) Landeskodifikation ohne Bundeskodifikation

Mit Blick auf den Einwand der fehlenden Bundeskodifikation ist daran zu erinnern, daß die Kommission bestehend aus unabhängigen Sachverständigen bis 1997 eingesetzt ist. Erst zu diesem Zeitpunkt ist der Abschluß ihrer Arbeit zu erwarten. Deren Publikation dauert sicherlich ein Jahr. Dann folgt ein Referentenentwurf etc. An eine Verabschiedung des Umweltgesetzbuchs-Bund ist nicht vor dem Jahr 2000 zu denken. Das Fehlen eines Bundesgesetzes bewirkt momentan folgendes: Leitprinzipien des Umweltschutzes, die nicht nur sektoral, sondern medienübergreifend gelten, sind bislang nicht normiert; eine Gliederung, an der das Landesumweltgesetz sich orientieren könnte, ist nicht vorhanden; der vom Landesrecht zu füllende Rahmen und die notwendigen Ergänzungen sind mit Blick auf zukünftiges Recht unbekannt. Alles in allem müßte jedes Landesumweltgesetz einer weitreichenden Überarbeitung unterzogen werden, wenn das Umweltgesetzbuch-Bund in Kraft tritt; jedenfalls ist die Notwendigkeit zu einer wesentlichen Änderung vorstellbar. Unter dieser Bedingung könnte argumentiert werden, eine vorherige Anstrengung des Landesgesetzgebers sei Kraft- und Zeitverschwendung.

Diesem potentiellen Einwand vermag der Verfasser nicht zu folgen: Ein Landesumweltgesetz kann eigenständig Leitprinzipien entwickeln. Auf bundesrechtliche Vorgaben ist es nicht angewiesen - es muß nur die Gesetzgebungskompetenzen beachten. Die Entwicklung eigenständiger Leitprinzipien ist auch unabhängig von bundesgesetzlichen Vorgaben ein sinnvolles Unterfangen. Das Landesrecht kann problemlos früher als das Bundesrecht dessen sektoralen Ansatz überwinden und medienübergreifende Aspekte berücksichtigen. Es ist also in der Lage, früher als Bundesrecht einen Reformschritt zu tun. Ferner ist auch nicht sicher, ob es zu einem Umweltgesetzbuch des Bundes kommen wird. Dann aber müssen alle Bundesländer in dieser Hinsicht Schritte wagen, um - soweit es ihnen möglich ist - den Rückstand des Bundesrechts zu überwinden. - Die Gliederung des Landesumweltgesetzes könnte sich orientieren an dem Professoren-Entwurf eines Umweltgesetzbuchs. - Der Umfang der Gesetzgebungsmöglichkeiten ergibt sich aus dem vorhandenen Bundesrecht.

Unter dem Aspekt der Vorteile, die mit einer Kodifikation verbunden sind und die eintreten unabhängig davon, ob Bundes- oder Landesrecht kodifiziert wird, scheint es auch nicht sinnvoll, die Kodifikation des Bundesrechts abzuwarten. Der Verzicht auf die Vorteile würde durch andere Vorteile nicht kompensiert. Andere Vorteile sind nicht ersichtlich: Ist der Zustand des Landesumweltrechts wenig vorteilhaft, so kann die Aufrechterhaltung dieses Zustands mit Vorteilen nicht verbunden sein. Der Verzicht auf eine Landeskodifikation ist vielmehr von Nachteil: nicht nur wegen der Rechtszersplitterung, sondern auch deshalb, weil infolge Fehlens ausgefeilter Konzepte, die in das Landesrecht Eingang gefunden haben, die Länder sich der Möglichkeit berauben, durch Verweis auf ihr Recht Einfluß auf das Bundesrecht zu nehmen.

Ein Abwarten der Länder ist nach alledem nicht sinnvoll: Es verspielt Vorteile. Diese Vorteile gehen auch dann nicht vollständig verloren, wenn ein Umweltgesetzbuch - Bund erlassen und Landesrecht wegen Art. 31 GG außer Kraft tritt: Bis zu diesem Zeitpunkt hat es die Rechtszersplitterung auf Landesebene beseitigt; das Landesumweltgesetz könnte partiell Vorbild für die Kodifikation des Bundes sein.

Wenn ein Landesumweltgesetz in Kraft tritt und später ein Umweltgesetzbuch-Bund folgt, ist die Sachlage mit Blick auf den Arbeitsaufwand, den die Anpassung des Landesrechts erfordert, identisch mit der ohne Existenz eines Landesumweltgesetzes: Die Anpassung ist vorzunehmen - sei es durch Änderung des Landesumweltgesetzes oder durch Änderung der vorhandenen Einzelgesetze. Die Arbeit bleibt gleich. Diese Aussage gilt für alle Bundesländer und deshalb ohne weiteres auch für Brandenburg.

Der Arbeitsaufwand bleibt auch gleich in der nächsten Zeit, wenn anstelle eines Umweltgesetzes für Brandenburg Einzelgesetze des Landes Brandenburg geändert bzw. neu erlassen werden. Der Änderung bedürftig sind in jedem Fall die beiden "Vorschaltgesetze": zum Immissionsschutz und zum Abfall. Vorschaltgesetze sind vorläufige Gesetze; vorläufige Gesetze werden erlassen zur vorläufigen Regelung eines Zustands; sie bedürfen der Umwandlung in ein Gesetz mit längerfristigem Geltungsanspruch. Für das Abfallrecht ist zusätzlich hervorzuheben: Nach Erlaß des KrW-/AbfG bedarf das Landesabfallrecht - nicht nur das brandenburgische - der Anpassung an die neuen bundesgesetzlichen Vorgaben. Insoweit ist unabhängig von allen anderen bislang vorgetragenen Erwägungen ein Handeln des Landesgesetzgebers gefordert, um auf Landesebene einen verfassungswidrigen Zustand zu vermeiden. - Das Immissionsschutzgesetz bedarf der Überarbeitung; auf Näheres wird später eingegangen.

Landesrechtliches Handeln wird auch auf dem Gebiete des Wasserrechts notwendig werden, jedoch ist der Umfang noch nicht absehbar. Das deutsche Wasserrecht ist partiell europarechtlich defizitär. Zwei Entscheidungen des Europäischen Gerichtshofs stellen diesen Tatbestand heraus[103]. Insgesamt ist zu dieser Situation zu bemerken[104]: Die Umsetzung der Gewässerschutzrichtlinie und ihrer Folgerichtlinien (Emissionsrichtlinien) ist in der Bundesrepublik vor allem durch § 7 a WHG, landesgesetzliche Ergänzungen und die Abwasser-Verwaltungsvorschriften nach § 7 a Abs. 1 Satz 3 WHG erfolgt. Als Beispiel für eine landesgesetzliche Ergänzung sei auf § 52 Abs. 1 Satz 1 Buchstabe d des Landeswassergesetzes von Nordrhein-Westfalen hingewiesen. Es ist in dieser Norm bestimmt, daß Abwassereinleitungen in ein Gewässer nicht erlaubt werden dürfen, wenn und soweit sie gegen verbindliche zwischenstaatliche Vereinbarungen oder bindende Beschlüsse der Europäischen Gemeinschaften über die Beschaffenheit von Abwassereinleitungen verstoßen. Hinzuweisen ist freilich darauf, daß der punktuell-stoffbezogene Ansatz der EG-Richtlinien von den deutschen Verwaltungsvorschriften nicht realisiert wird; die deutschen Verwaltungsvorschriften sehen vielmehr einen branchenspezifisch-stoffbezogenen Ansatz vor. Darin mag zwar kein Verstoß gegen das EG-Recht zu sehen sein; es bietet sich freilich an, den punktuell-stoffbezogenen Ansatz der EG-Richtlinien auch im deutschen Recht zu verwirklichen, um Schwierigkeiten mit der Brüsseler Kommission zu vermeiden. Ferner ist die Richtlinie des Rates v. 21.5.1991 über die Behandlung von kommunalem Abwasser bislang kaum umgesetzt[105]. - Die Qualitätsrichtlinien des Gewässerschutzes mit ihren nutzungsbezogenen Gütezielen sind vor allem durch die §§ 2, 3, 6, 7 und 36 b WHG, landesgesetzliche Ergänzungen und

---

[103] EuGH, NVwZ 1991, S. 973-977; NVwZ 1992, S. 459-461.

[104] S. zum folgenden *Peine*, Gesetzliche Grundlagen des Schutzes aquatischer Systeme, in: Gunkel (Hrsg.), Bioindikation in aquatischen Ökosystemen, S. 440, 456 ff.

[105] Richtlinie 91/271/EWG, ABl. EG Nr. L 135 v. 30.5.1991, S. 40. Umgesetzt ist diese Richtlinie durch die Bayerische Reinhalteordnung für kommunales Abwasser v. 23.8.1992, GVBl. S. 402 und durch die baden-württembergische Reinhalteordnung für Abwasser v. 10.12.1993, GBl. S. 746. Die 6. Novelle zum Wasserhaushaltsgesetz, die die europarechtlichen Defizite des deutschen Wasserrechts beseitigen sollte, ist vom letzten Deutschen Bundestag nicht mehr behandelt worden; der Gesetzentwurf muß aufgrund des Diskontinuitätsprinzips neu in den Bundestag eingebracht werden; zum Inhalt der Novelle s. BRat-Drs. 644/93.

Verwaltungsvorschriften der Länder in das deutsche Wasserrecht umgesetzt worden. Der Europäische Gerichtshof hat durch Urteil vom 7.10.1991 - Rs C-58/89 - festgestellt, daß die Bundesrepublik Deutschland die Rohwasserrichtlinie mangelhaft umgesetzt hat[106]: "Die Bundesrepublik Deutschland hat dadurch gegen ihre Verpflichtungen aus dem EWG-Vertrag verstoßen, daß sie nicht alle erforderlichen Rechts- und Verwaltungsvorschriften erlassen hat, um die Art. 3 Abs. 1 und 4 Abs. 2 der Richtlinie über die Qualitätsanforderungen an Oberflächenwasser für die Trinkwassergewinnung in innerstaatliches Recht umzusetzen." Insbesondere fehlt es an der Festlegung der Grenzwerte für Oberflächenwasser nach Art. 3 Abs. 1 der Richtlinie sowie an Festlegungen zur Einhaltung dieser Werte nach Art. 4 Abs. 2 der Richtlinie. - Nach der Badegewässerrichtlinie sind in der Bundesrepublik Badegewässer ausgewiesen. Die Kommission in Brüssel ist freilich der Auffassung, daß Grenzwerte für bestimmte Parameter fehlen. Es bleibt abzuwarten, wie der Europäische Gerichtshof sich zu dieser Argumentation stellt. - Die Fisch- sowie die Muschelgewässerrichtlinie sind in der Bundesrepublik bislang nicht angewandt worden. Die Länder haben Fischgewässer nicht ausgewiesen. Das gleiche gilt für die Ausweisung von Muschelgewässern. Es bleibt abzuwarten, ob dieses Zögern vor dem Europäischen Gerichtshof Bestand haben wird. - Für die Grundwasserrichtlinie ist festzuhalten, daß der Europäische Gerichtshof durch Urteil v. 28.2.1991 - Rs C-131/88 - festgestellt hat[107], die Bundesrepublik Deutschland habe gegen ihre Verpflichtung aus dem EWG-Vertrag verstoßen, weil sie nicht innerhalb der vorgeschriebenen Frist alle erforderlichen Maßnahmen vornahm, um der Grundwasserrichtlinie nachzukommen. - Die Trinkwasserrichtlinie ist durch die Trinkwasserverordnung v. 22.5.1986[108] umgesetzt. Diese Verordnung entspricht nicht den EG-rechtlichen Vorgaben. Es wird erwartet, daß die Bundesrepublik Deutschland in einem entsprechenden Verfahren vor dem Europäischen Gerichtshof unterliegen wird.

Die Bundesregierung arbeitet zwecks Aufhebung der Defizite an einer 6. Novelle zum Wasserhaushaltsgesetz. Diese Novelle wird für das Landesrecht Konsequenzen zeitigen; in welchem Umfang landesrechtlicher Anpassungsbedarf besteht, ist nicht absehbar.

Schließlich wird auch auf dem Sektor des Naturschutzrechts landesrechtliches Handeln wahrscheinlich notwendig werden. Bekanntlich wird seit lan-

---

[106] EuGH, NVwZ 1992, S. 459 ff.

[107] EuGH, NVwZ 1991, S. 973 ff.

[108] Verordnung über Trinkwasser und über Wasser für Lebensmittelbetriebe i.d.F. der Bekanntmachung v. 5.12.1990, BGBl. I S. 2612.

gem der Zustand des Naturschutzrechts beklagt. Naturschützer bedauern insbesondere die ihnen nicht mehr verständliche Privilegierung der landwirtschaftlichen Bodennutzung[109]. Während der 12. Legislaturperiode ist die Novelle zum Bundesnaturschutzgesetz gescheitert[110]. Der Bundesumweltminister will dieses Faktum nicht hinnehmen und hat angekündigt, in der 13. Legislaturperiode einen weiteren Vorstoß zur Novellierung des Naturschutzrechts zu wagen. Ob den Worten Taten folgen werden und ob der Gesetzgeber eine Novelle verabschieden wird, bleibt abzuwarten, ist aber wahrscheinlich. Bei einem Erfolg des Umweltministers ist eine Anpassung des Landesnaturschutzgesetzes an das neue Bundesrecht gefordert.

Befassen müssen sich die Landesgesetzgeber mit dem Umweltrecht in jedem Fall. Dann aber kann der Gesetzgeber des Landes Brandenburg auch an ein Landesumweltgesetz denken.

Wenn der Bund nach der Änderung des Art. 75 GG im Bereich der Rahmengesetzgebung den Ländern noch Regelungsmöglichkeiten einräumen sollte, gilt: Der Gesetzgeber des Landes Brandenburg muß sich mit dem Wasserrecht und dem Naturschutzrecht in besonderer Weise befassen. Dieses kann dann aber im größeren Rahmen, z.B. beim Erlaß eines Landesumweltgesetzes geschehen.

d) Landeskodifikation und Länderzusammenschluß

Ein weiteres Argument gegen eine landesrechtliche Kodifikation des Umweltrechts von Brandenburg könnte sich aus der zukünftigen staatsrechtlichen Entwicklung von Berlin und Brandenburg ergeben. Bekanntlich haben der Landtag von Brandenburg und das Abgeordnetenhaus von Berlin beschlossen, beide Bundesländer zu vereinen. Sollte es aufgrund der Ergebnisse der Volksabstimmungen zu dieser Vereinigung kommen, muß das jeweilige Landesrecht zusammengefaßt und evtl. neu formuliert werden; das ist Sache des zukünftigen Parlaments des neuen Bundeslandes. Es könnte argumentiert werden, den Erlaß eines Landesumweltgesetzes ihm zu überlassen, das neue Parlament jedenfalls insoweit nicht zu binden. Auch dieses Argument erscheint dem Verfasser nicht überzeugend. Das Umweltrecht von Berlin bedarf genauso der Kodifizierung wie das des Landes Brandenburg und wie jedes anderen Bun-

---

109 S. die Zusammenfassung bei *Peine*, Landwirtschaft und Umweltschutz in Deutschland, Agrarrecht 1994, S. 385 ff.

110 S. *Breuer*, in: Naturschutz- und Landschaftspflegerecht im Wandel, Umwelt- und Technikrecht Bd. 20, S. 1 ff.

deslandes auch: Die Zahl der Gesetze muß reduziert, das Recht muß einfacher und überschaubarer werden. Unter diesen Umständen ist ein vor der Vereinigung der beiden Länder in Geltung gesetztes Landesumweltgesetz-Brandenburg ein Glücksfall: Es könnte das Gerüst bilden, in welches dann das gemeinsame Umweltrecht einzupassen ist. Das Landesumweltgesetz-Brandenburg würde deshalb auf dem Gebiete des die Stadt Berlin in gleichem Umfang wie die ländliche Region interessierenden Umweltrechts eine beträchtliche Vorleistung bieten und die Arbeit des neuen Landesparlaments in großem Umfang erleichtern. Insoweit spricht nichts gegen eine Landeskodifikation, aber Gesichtspunkte der gemeinsamen Entwicklung von Berlin und Brandenburg fallen für eine Kodifikation ins Gewicht.

e) Ergebnis

Die Stoffmenge sowie die Möglichkeit der Ausdifferenzierung eines Landesumweltgesetzes in einen Allgemeinen Teil und in einen Besonderen Teil sind als notwendige Kriterien für den Erlaß eines Landesumweltgesetzes erfüllt. Das Fehlen einer Bundeskodifikation steht einer Landeskodifikation nicht entgegen. Eine Bundeskodifikation ist nicht notwendige Voraussetzung für eine Landeskodifikation. Der Landesgesetzgeber von Brandenburg muß sich mit dem Landesumweltrecht in jedem Fall befassen - und sei es nur zwecks Erfüllung der Aufträge der Brandenburgischen Verfassung. Auch die mögliche Fusion der Länder Berlin und Brandenburg spricht - vorsichtig gesagt - eher für als gegen den Versuch, ein Landesumweltgesetz für Brandenburg zu verabschieden.

4. Folgerung

Das Landesumweltrecht ist weitgehend materielles Recht und nicht lediglich Ausführungsrecht. Als solches ist es kodifikationsfähig. Es trägt sowohl durch seine Existenz als solche als auch wegen vorhandener Disharmonien zur Rechtszersplitterung bei. Es bedarf der Überarbeitung und des Neuerlasses aus unterschiedlichsten Gründen. Für Brandenburg bedarf es partiell auch deshalb neuen Rechts, um Aufträge der Landesverfassung zu erfüllen. Das Fehlen einer Bundeskodifikation steht generell sowie die mögliche Fusion von Berlin und Brandenburg speziell einer Kodifikation des brandenburgischen Umweltrechts nicht entgegen. Das Umweltrecht des Landes Brandenburg ist parallel zum Umweltrecht des Bundes kodifikationsreif. Die Kodifikationsreife des Landesumweltrechts ist unabhängig von der des Bundesrechts festzustellen.

II. Kodifikationsmöglichkeit

Die Kodifikationsmöglichkeit besteht für Landesrecht in gleichem Umfang wie für Bundesrecht. Unterschiede sind nicht ersichtlich.

III. Kodifikationswunsch

In publizierten Stellungnahmen hat bislang niemand an die Kodifikation des Landesumweltrechts gedacht, gleichwohl ist die Kodifizierung des Landesumweltrechts aber wünschenswert, wenn man die Folgen der Kodifizierung bedenkt. Dem corpus Bundesrecht würde ein corpus Landesrecht folgen; beide Gesetze müßten parallel aufgebaut sein. Nicht nur die Anzahl der Gesetzeswerke, aus dem Blickwinkel eines Landes gesehen, würde auf zwei reduziert werden, worin für sich genommen schon ein enormer Vorteil zu erblicken ist, sondern durch die Parallelität des Aufbaus würde sich die Erschließbarkeit des vorhandenen Rechts beträchtlich steigern. Wegen dieser beiden großen Vorteile müßten das interessierte Publikum und die Fachwelt den Wunsch nach einem Landesumweltgesetz (nicht nur für Brandenburg) äußern, wenn sie sich denn bewußt wären, daß dieser Wunsch ein denkbarer ist. Daß in diesem Sinne z.Zt. nicht gedacht wird, dürfte daran liegen, daß die Diskussion eines Umweltgesetzbuchs-Bund die Diskussion beherrscht und weiteres Denken erstickt.

Die Kodifikation des Landesumweltrechts in Brandenburg ist wünschenswert. Diese Aussage bestätigen die sofort zu behandelnden Vorteile, die speziell mit der Kodifikation von Landesrecht verbunden sind.

IV. Kodifikationsvorteile

Es bedarf keiner weiteren Diskussion, deren Ergebnis belegt, daß die für das Bundesrecht dargelegten Vorteile unmittelbar auch für das Landesrecht Geltung beanspruchen dürfen. Den Vorteilen für das Bundesrecht folgen die Vorteile für das Landesrecht. Die zum Bundesrecht erarbeiteten Vorteile sind sofort zusammenfassend zu wiederholen. Speziell aus der Sicht des Landes ist auf einen Vorteil hinzuweisen, den die Kodifikation des Landesrechts bringt: Einfacherer Vollzug infolge durchgängig geregelter Ressortzuständigkeiten und damit Verhinderung von Ressortrivalitäten. Ein codex bietet die Chance, die Zuständigkeit der Behörden für den Vollzug in einer Weise abzugrenzen, die die im Laufe der Zeit entstandene verwirrende Fülle von Zuständigkeitsüberschneidungen, Einvernehmensregeln und Benehmensregeln überwindet und klare Zuständigkeiten schafft: Funktion des Rechts ist es, Sachprobleme zu lösen. Bei der Lösung von Sachproblemen haben Behörden eine dienende Aufgabe. Um ihnen die Erfüllung der Aufgabe zu erleichtern, müssen eindeutige Aufgabenzuweisungen existieren. Ist das Recht in dieser Hinsicht ohne Tadel, gibt es keine Ressortrivalitäten mehr, es sei denn, ein Ressort mischt sich trotz Unzuständigkeit in die Aufgabenerfüllung eines anderen ein. Eine definitive Aufgabenzuweisung erleichtert den Vollzug des Rechts in doppelter Weise: Zum einen entfallen Abstimmungsprobleme, zum anderen besteht nicht mehr die Möglichkeit, die Verantwortung für das Nichterfüllen einer Aufgabe auf andere abzuwälzen.

Für das Bundesrecht war auf den besonderen Umstand hingewiesen worden, daß ein UGB-Bund eine Vielzahl von Normen als überflüssig entfallen ließe und beträchtliche Vereinfachungseffekte zu erzielen wären. Damit hätte es beträchtliche Deregulierungseffekte zur Folge - wenn man die Deregulierung als Vereinfachung des Rechts versteht. (Deregulierung in dem Sinne, daß man Gesetze sachlich streicht und durch Generalklauseln ersetzt, hat lediglich verschleiernden Charakter und trägt zur Lösung eines Problems nicht bei: Das Streichen von Normen und ihr Ersetzen durch Generalklauseln verlagert im Streitfall die Lösung auf den Richter; weil diesem ein definitiver Rechtmäßigkeitsmaßstab fehlt, muß er ihn aus der Generalklausel erarbeiten; der Sache nach gibt das Parlament dadurch nur Entscheidungsmacht an die dritte Gewalt ab, über deren Urteile es sich dann später zu Unrecht ärgert: Das Parlament hat es der Sache nach nicht anders gewollt; wenn ihm die Entscheidung nicht gefällt, muß es die Maßstäbe ändern, womit es wieder bei seinem Ausgangspunkt angekommen ist. Deregulierung in dem Sinne, daß Gesetze gestrichen und durch Generalklauseln ersetzt werden, sind nach alledem ohne Interesse.) Die Vereinfachung zeigt sich z.B. bei den zuvor besonders hervorgehobenen Genehmigungsverfahren, weil eine beträchtliche Beschleunigungswirkung erzielt werden kann, wenn die Mitarbeiter der Behörden die geschaffenen Möglichkeiten zu zügigem Arbeiten nutzen. Dieser mit einer Deregulierung verbundene Effekt kann sich, soweit der Landesgesetzgeber Regelungskompetenzen besitzt, auch als Folge der Vereinfachung von Landesrecht zeigen. Die Vereinfachung des Landesrechts ist einheitlich für alle relevanten Bereiche zu treffen. Dieses ist am einfachsten dadurch möglich, daß dieses Recht lediglich ein einziges Mal existiert, nämlich im Allgemeinen Teil eines Landesumweltgesetzes. Ein solcher codex vereinfacht demnach die Arbeit des Gesetzgebers in der Zukunft.

Letztlich ist auf einen für das Landesrecht in Brandenburg spezifischen Vorteil einer Kodifikation hinzuweisen: Art. 39 der Verfassung des Landes Brandenburg enthält einen außerordentlich ausführlichen Teil über den Schutz der natürlichen Lebensgrundlagen. Es ist notwendig, die sich aus Art. 39 ergebenden Rechte und Pflichten in den Köpfen der auf dem Sektor Umweltschutz Tätigen zu verankern und auf diese Weise ihre ständige Beachtung sicherzustellen. Probates Mittel zur Zielerreichung könnte ein Landesumweltgesetz für Brandenburg sein, in dessen ersten Normen - Zweck des Gesetzes - sich die verfassungsrechtlichen Grundaussagen zum Umweltschutz wiederfinden. Damit wäre ein schönes Ergebnis erzielt: Das Verwaltungsrecht, dessen Aufgabe die Konkretisierung des Verfassungsrechts ist, beginnt in diesem speziellen Fall mit den verfassungsrechtlichen Normen, die es zu konkretisieren gilt.

Aus der Sicht der Bundesländer stellen sich die Vorteile einer Kodifikation des Landesumweltrechts wie folgt dar:

- Alle "allgemeinen" Vorteile - das sind solche, die sich unabhängig davon ergeben , ob die zu kodifizierende "Rechtsmasse" Bundes- oder Landesrecht ist - gelten für alle Bundesländer, diese Vorteile sind - schlagwortartig formuliert, folgende: Überwindung der Zersplitterung des Rechts in eine Vielzahl von Einzelfallgesetzen durch Erlaß eines einzigen Gesetzes; Überwindung von Doppelnormierungen durch Schaffung eines Allgemeinen Teils; Überwindung von inhaltlichen Differenzen durch Verfolgung einheitlicher Konzepte für die gesamte Sachproblematik; Überwindung inhaltlicher Komplexität infolge der Normierung einheitlicher Konzepte; Möglichkeit der Normierung einheitlicher Leitvorstellungen für das gesamte Umweltrecht; leichtere Lernbarkeit des Rechts als Folge der Reduzierung seiner Komplexität und ihrer Ersetzung durch einheitliche Leitvorstellungen; leichtere Handhabbarkeit und einfacherer Vollzug; leichtere Erreichbarkeit des Rechts auch für Laien; Erhöhung des Umweltbewußtseins in der Bevölkerung; Anerkennung der enormen Bedeutung des Umweltschutzes. - Diese Vorteile lassen sich bereits erzielen, wenn das Landesumweltrecht unabhängig vom Bundesrecht kodifiziert wird; die Konkretisierung dieser Aussage erfolgt am Ende der Untersuchung.

- Spezielle Vorteile aus der Sicht der Länder sind folgende: Möglichkeit der Einflußnahme auf die zukünftige Bundesgesetzgebung; einfacherer Vollzug des Umweltrechts durch die Möglichkeit, die Zuständigkeiten neu zu gliedern und zu vereinfachen; Deregulierung des Landesrechts und Erzielung von Beschleunigungseffekten durch kooperationsbereite Mitarbeiter.

- Speziell für das Land Brandenburg bringt die Kodifikation die Möglichkeit mit, in ihr Verfassungsaufträge zu erfüllen, die ansonsten in weiteren Einzelfallgesetzen zu erledigen wären und die zur weiteren Rechtszersplitterung beitrügen; das in Brandenburg als neuem Bundesland entstandene wenig homogene Recht, welches teilweise noch "Recht auf Zeit" ist, könnte in einer großen Kraftanstrengung vereinheitlicht und ohne große weitere Mühe zusammengefaßt werden; Brandenburg könnte mit Blick auf die zu erwartende Länderehe ein Gesetz vorweisen, welches zum Ausgangspunkt für ein einheitliches Landesumweltrecht des neu gebildeten Landes werden könnte.

V. Ergebnis

Nachteile ergeben sich mit dem Erlaß eines Landesumweltgesetzes für keines der Bundesländer. Die Arbeit der Ministerialbürokratie als Gesetzgebung vorbereitende Instanz sowie die Arbeit der Landesparlamente bleibt - hat man einen größeren Zeitraum im Blick - gleich: Sie müssen in naher Zukunft nahezu alle landesrechtlichen Gesetze auf dem Gebiete des Umweltschutzes bearbeiten - dann können sie auch an ein Landesumweltgesetz denken, welches in diesem Zusammenhang zu erarbeiten eine besondere Mühe nicht mehr erfordert, oder sie müssen später ihre Einzelfallgesetze an ein Umweltgesetzbuch-Bund anpassen - dann macht es aber keinen Unterschied, ob sie ein zuvor erlassenes Landesumweltgesetz mit Bundesrecht in Einklang bringen. Alle die Kodifikation des Bundesrechts betreffenden Erwägungen treffen in gleichem Maße auch für das Landesrecht zu. Dieses ist kodifikationsreif. Die Kodifikation ist möglich. Die Kodifikation ist wünschenswert. Zu den gerade zuvor noch einmal dargelegten "allgemeinen" Vorteilen, die sich auch beim Landesrecht realisieren, gesellen sich weitere spezielle Vorteile aus der Sicht der Länder: die Möglichkeit der Einflußnahme auf die zukünftige Bundesgesetzgebung; Vereinfachung des Vollzugs durch Neuorganisation der Verwaltung; Deregulierung des Landesrechts. Speziell für Brandenburg ergibt sich die Möglichkeit, die landesverfassungsrechtlichen Aussagen zum Umweltschutz in dem Gesetzeswerk zu verankern, welches die mit Umweltrecht Befaßten zur Hand nehmen. Zugleich können in diesem Gesetzeswerk verfassungsrechtliche Gesetzgebungsaufträge verwirklicht werden.

Der Erlaß eines Landesumweltgesetzes für Brandenburg ist sinnvoll und ein Rechtsfortschritt.

D. Zwischenergebnis

Die Diskussion ist kurz zu unterbrechen. Die bisherigen Befunde sind zusammenzufassen und an denjenigen Kriterien zu messen, die erarbeitet wurden für die positive Beantwortung der Frage, ob ein eine inhaltliche Kodifikation darstellendes Landesumweltgesetz möglich ist.

Als erstes wurde geprüft, ob ein Umweltgesetzbuch des Bundes "möglich" ist. Es wurde erarbeitet, daß das Umweltrecht des Bundes reif für eine Kodifikation ist. Die Möglichkeit der Kodifikation des Umweltrechts ist theoretisch vorhanden und praktisch belegt. In allen relevanten Kreisen besteht der Wunsch nach einer Kodifikation des Umweltrechts. Die Kodifikation ist mit einer Vielzahl von Vorteilen verbunden. Die Kodifikation des Umweltrechts des Bundes ist ein Rechtsfortschritt. Als zweites wurde danach gefragt, ob dieses Ergebnis auf das Umweltrecht der Länder übertragbar ist. Die Frage ist zu bejahen. Es fehlen zunächst Gründe, die dagegen sprechen, vor Erlaß einer Bundeskodifikation eine Landeskodifikation in Kraft zu setzen. Es wurden vielmehr Gründe erarbeitet, die es als sinnvoll erscheinen lassen, trotz Fehlens einer Bundeskodifikation ein Landesumweltgesetz zu erlassen. Im übrigen gelten die für die Kodifikation eines Umweltgesetzbuchs des Bundes erarbeiteten Erwägungen ohne weiteres auch für die Umweltgesetze der Länder. Weitere Vorteile ergänzen die allgemeinen Vorteile. Spezifisch brandenburgische Vorteile sind erkennbar.

Es wurde ferner herausgestellt, daß das Landesrecht vom Umfang her gesehen eine ausreichende Rechtsmasse für eine Kodifizierung enthält und es genügend Sachprobleme gibt, die in einem Allgemeinen Teil geregelt werden können. Die Ausdifferenzierung eines Landesumweltgesetzes in einen Allgemeinen Teil und in einen Besonderen Teil ist deshalb problemlos möglich. Damit erfüllt ein Landesumweltgesetz das hier aufgestellte Kriterium einer Kodifikation.

Schließlich wurde das Fehlen von Gründen erarbeitet, die speziell für das Land Brandenburg den Erlaß eines Landesumweltgesetzes verhindern könnten. Es wurde im Gegenteil mit verschiedenen Erwägungen darauf hingewiesen, daß gerade für Brandenburg der Erlaß eines Landesumweltgesetzes eine sinnvolle Angelegenheit darstellt und einen Rechtsfortschritt ermöglicht.

Auf dieser Grundlage kann nach Leitgedanken und Inhalten eines Umweltgesetzes für das Land Brandenburg gefragt werden. Die folgenden Ausführungen belegen zugleich die Richtigkeit der unter B. und C. gemachten allgemeinen Aussagen zu den Vorteilen einer Kodifikation. Im Ergebnis läßt sich durch einen Vergleich des jetzigen mit dem als Folge einer Kodifikation entstehenden Rechtszustandes die Zweckmäßigkeit und Vorteilhaftigkeit einer Kodifikation des Landesumweltrechts beweisen.

E. Leitgedanken und Inhalte eines "Umweltgesetzes für das Land Brandenburg"

I. Leitgedanken

1. Differenzierung des Gesetzes in einen "Allgemeinen" und in einen "Besonderen Teil"

Das Landesumweltgesetz für Brandenburg ist in einen Allgemeinen Teil und in einen Besonderen Teil auszudifferenzieren. Alles, was "vor die Klammer" gezogen werden kann, gehört in den Allgemeinen Teil.

2. Umweltrechtliche Prinzipien

Alle modernen Umweltgesetze enthalten Leitprinzipien oder Grundsätze. Diese haben die Aufgabe, verbindliche Vorgaben für alle Maßnahmen im Bereich des Gesetzesvollzugs zu liefern. Leitprinzipien oder Grundsätze stellen daher keine selbständigen (vollzugsfähigen) Regelungen dar, sondern sind immer nur im Zusammenhang mit anderen Regelungen von Bedeutung. Sie "leiten" deren Vollzug inhaltlich[111].

Als Leitprinzipien oder Grundsätze des Umweltschutzes schlage ich für das Landesumweltgesetz für Brandenburg die Übernahme der §§ 3-6 des sog. Professoren-Entwurfs eines Umweltgesetzbuchs - Allgemeiner Teil vor, von einer Ausnahme abgesehen. § 3 enthält "Leitlinien", die §§ 4-6 normieren das Vorsorgeprinzip, das Verursacherprinzip und das Kooperationsprinzip. Diese Leitlinien und Prinzipien bilden gemeinsam die "Leitprinzipien" oder "Grundsätze" des Umweltschutzes. Die erwähnten Normen haben folgenden Wortlaut:

---

111 UGB-AT, Berichte 7/90 des Umweltbundesamtes, S. 131.

§ 3 Leitlinien des Umweltschutzes

(1) Boden, Wasser, Luft und lebende Organismen sind vor Umweltbeeinträchtigungen zu schützen. Der Schutz umfaßt auch die Wechselbeziehungen zwischen den Naturgütern. Dabei ist auch sicherzustellen, daß

1. der Boden vor ungeeigneter Flächennutzung geschützt sowie ein übermäßiger Verbrauch vermieden wird,

2. die öffentliche Wasserversorgung nicht gefährdet wird sowie ein vermeidbarer Wasserverbrauch unterbleibt,

3. Lärm möglichst vermieden und für den Schutz vor unvermeidbarem Lärm Sorge getragen wird,

4. Abfälle möglichst vermieden werden.

(2) Weiterhin ist sicherzustellen, daß

1. Naturgüter, soweit sie sich nicht erneuern, sparsam genutzt werden und der Verbrauch sich erneuernder Naturgüter so gesteuert wird, daß sie auf Dauer zur Verfügung stehen,

2. Beeinträchtigungen des Klimas möglichst vermieden und unvermeidbare Beeinträchtigungen ausgeglichen werden,

3. das Gesamtbild einer möglichst naturnahen Kulturlandschaft erhalten oder wieder hergestellt wird,

4. schutzwürdige Sachgüter durch Umweltbeeinträchtigungen möglichst nicht beschädigt werden.

Der Bestand wildlebender Tiere und wildwachsender Pflanzen, insbesondere solcher gefährdeter Arten, ist zu schützen; ihre Lebensstätten und Lebensräume sowie sonstige Lebensbedingungen sind zu erhalten, zu pflegen, zu entwickeln und wiederherzustellen.

(3) Die Leitlinien sind im Rahmen staatlicher Abwägungsentscheidungen zu berücksichtigen.

§ 4 Vorsorgeprinzip

Durch geeignete Maßnahmen, insbesondere durch eine vorausschauende Planung und eine dem Stand der Technik entsprechende Begrenzung von Emissionen, ist darauf hinzuwirken, daß vermeidbare oder hinsichtlich ihrer langfristigen Folgen nicht absehbare Umweltbeeinträchtigungen möglichst ausgeschlossen werden.

§ 5 Verursacherprinzip

(1) Wer eine Umweltbeeinträchtigung, eine Umweltgefahr oder ein Umweltrisiko verursacht, ist dafür verantwortlich.

(2) Ist ein Verursacher oder ein sonstiger Verantwortlicher nicht vorhanden, nicht oder nicht rechtzeitig feststellbar oder seine Inanspruchnahme unbillig, so ist die Allgemeinheit verantwortlich.

§ 6 Kooperationsprinzip

(1) Der Schutz der Umwelt ist den Bürgern und dem Staat anvertraut. Den Behörden obliegen die ihnen durch Verfassung, durch Gesetz oder aufgrund eines Gesetzes zugewiesenen Aufgaben. Sie sollen nur tätig werden, soweit ein hinreichender Schutz der Umwelt nicht durch die Bürger erfolgen kann oder erfolgt. Dabei sind insbesondere die Möglichkeiten von Vereinbarungen zum Schutze der Umwelt zu berücksichtigen.

(2) Zur Erfüllung der in Absatz 1 Satz 2 bezeichneten Aufgaben haben Behörden und Betroffene nach Maßgabe der jeweiligen Bestimmungen zusammenzuwirken.

(3) Gegenüber Verboten und Geboten haben solche Maßnahmen einen Vorrang, die dem Bürger Möglichkeiten eigenverantwortlicher Entscheidungen belassen, wenn hierdurch ein gleichwertiger Schutz der Umwelt erreicht wird und Betroffene nicht stärker belastet werden.

(4) Die Behörden übertragen die Erfüllung von Aufgaben nach Absatz 1 Satz 2 nichtstaatlichen Trägern, wenn

1. dies durch Gesetze angeordnet ist oder

2. die staatliche Aufgabenerfüllung die Betroffenen unverhältnismäßig belasten würde und im Einzelfall sichergestellt ist, daß der nichtstaatliche Träger die Aufgabe zuverlässig erfüllen kann.

Soweit nichtstaatlichen Trägern Aufgaben gemäß Satz 1 übertragen werden, haben sie diese eigenverantwortlich zu erfüllen. Der Gesetzgeber soll eine staatliche Überwachung der Aufgabenerfüllung vorsehen.

Für die Übernahme der §§ 3-6 UGB-AT - natürlich von § 3 Abs. 4 UGB-AT abgesehen sowie unter Verzicht auf eine noch näher darzustellende Ausnahme - sprechen folgende Erwägungen: Die in § 3 UGB-AT formulierten Leitlinien stellen den ausgefeiltesten Vorschlag für die Konkretisierung des Zwecks eines Umweltgesetzbuchs dar. Weder in vorhandenen Gesetzen noch in der Literatur findet sich eine Aussage zu Leitlinien des Umweltschutzes, die dem § 3 UGB-AT nahekommt. Es würde deshalb einen sachlichen Rückschritt bedeuten, wenn ein Landesumweltgesetz für Brandenburg auf die Übernahme dieser Leitlinien verzichtete. Ein Landesumweltgesetz, welches hinter dem erreichten Erkenntnisstand zurückbleibt, lohnt nicht. Deshalb ist der gemachte Vorschlag zwingend. Für den Inhalt des Vorschlags ist auf seine Begründung zu verweisen[112]. - Die in §§ 4-6 UGB-AT formulierten Prinzipien beherrschen das geltende Umweltrecht[113]. Indes ist darauf hinzuweisen, daß über ihren Inhalt Streit besteht und sie mit unterschiedlichen Bedeutungsgehalten verwandt werden. Diese Feststellung gilt insbesondere für das Vorsorgeprinzip. Es bietet sich deshalb an, dem unterschiedlichen Sprachgebrauch durch Definitionen ein Ende zu bereiten, womit Begriffswirrwarr und Interpretationsschwierigkeiten entfallen. Mit dem Entfallen dieser Schwierigkeiten ist - positiv - ein Entlastungseffekt der Rechtsanwender verbunden. Gegen die inhaltliche Ausgestaltung der Prinzipien werden - von einer Ausnahme abgesehen, auf die einzugehen ist - Einwände nicht erhoben. Sie zu übernehmen erscheint deshalb problemlos.

Die zuvor erwähnte Ausnahme von der Übernahme der §§ 3-6 UGB-AT betrifft § 6 Abs. 4 UGB-AT. Der Vorschlag, auf die Übernahme dieser Norm in ein Landesumweltgesetz für Brandenburg zu verzichten, beruht auf folgenden Überlegungen: § 6 Abs. 4 UGB-AT enthält der Sache nach eine Subsidiaritätsklausel. Die Erfüllung bestimmter öffentlicher Aufgaben wird nichtstaatlichen Trägern, also Privaten, übertragen. Die Aufgabenerfüllung ist im Einzelfall zu privatisieren. Natürlich wird unausgesprochen, weil als selbstverständlich vorausgesetzt, daß nur diejenigen Aufgaben privatisiert werden dürfen, die verfassungsrechtlich nicht durch Mitarbeiter des öffentlichen Dienstes zu erfüllen sind. Die Privatisierung entfällt, wenn der nichtstaatliche Träger die Aufgabe nicht zuverlässig erfüllt. Zur Begründung des § 6 Abs. 4 UGB-AT tragen seine Verfasser vor[114]: Es wird "ein Anspruch nichtstaatlicher Träger auf Aufgabenübertragung in bestimmten Fällen und insbesondere unter der Voraussetzung einer unverhältnismäßigen Belastung begründet. Mit dieser Regelung soll jedoch einerseits weitgehend nur die bereits bestehende Rechtslage verdeutlicht werden. Denn auch ohne die vorgeschlagene Regelung steht die Anwendung staatlicher Instrumente unter dem Vorbehalt des Grundsatzes der Verhältnismäßigkeit. Andererseits wird durch die Festlegung eines solchen Anspruchs das Recht nichtstaatlicher Träger begründet, unter den (engen) Voraussetzungen des Abs. 4 Satz 1 Nr. 2 eine Aufgabenübertragung beantragen zu können, wodurch die Behörde auch gezwungen wird, den Einsatz staatlicher Instrumente zu rechtfertigen. Wie ... dargelegt, kann der Staat außerhalb des ihm zur alleinigen Erfüllung zugewiesenen Kernbereichs des Umweltschutzes wählen, ob er die Aufgabe selbst

112 Ebenda, S. 131 ff.

113 Daß die in den §§ 4-6 UGB-AT formulierten Prinzipien als kodifikationsbildende in Betracht kommen, betont ebenfalls die Denkschrift (s. Vorwort), S. 30 ff.

114 Ebenda, S. 163 f.

erfüllen will oder ob er sie Privaten zur Erfüllung einseitig verbindlich zuweisen will. Soweit er von der zweiten Möglichkeit keinen Gebrauch gemacht hat, stellt sich die Frage, ob und ggf. unter welchen Voraussetzungen nichtstaatlichen Trägern ein Anspruch auf Aufgabenübertragung zustehen kann. Insbesondere ist dabei zu prüfen, ob sich aus dem Grundsatz der Verhältnismäßigkeit ein Vorrang kooperativen Vorgehens herleiten läßt. Es ist bereits festgestellt worden, daß es im Umweltrecht kein allgemeines verfassungsabgeleitetes Subsidiaritätsprinzip gibt. Ein allgemeiner Nachrang staatlichen Handelns gegenüber gesellschaftlichen Aktivitäten folgt aus der Verfassung nicht. Dies schließt allerdings nicht aus, daß sich im Einzelfall aus dem Verhältnismäßigkeitsgrundsatz die Pflicht zum Einsatz kooperativer Instrumente ergeben kann. Im übrigen bleibt es dem Gesetzgeber grundsätzlich unbenommen, sich zum Subsidiaritätsprinzip auch dann zu bekennen, wenn dies verfassungsrechtlich nicht geboten ist."

Zu dieser Norm ist aus der Sicht des Verfassers dieser Studie festzustellen: § 6 Abs. 4 Satz 1 Nr. 1 UGB-AT enthält eine selbstverständliche Aussage. Wenn ein Gesetz die Privatisierung einer bislang von der öffentlichen Verwaltung wahrgenommenen Aufgabe anordnet, muß die Privatisierung vorgenommen werden. Jedes andere Vorgehen der Verwaltung beinhaltete einen Verstoß gegen das Prinzip der Gesetzmäßigkeit der Verwaltung und damit einen Verstoß gegen Art. 20 Abs. 3 GG. Auf die gesetzliche Normierung von Selbstverständlichem darf verzichtet werden. - Für § 6 Abs. 4 Satz 1 Nr. 2 UGB-AT ist hervorzuheben, daß es von Rechts wegen unvorstellbar ist, daß die staatliche Aufgabenerfüllung Betroffene unverhältnismäßig belastet. Der Grundsatz der Verhältnismäßigkeit bildet für die Ausübung staatlicher Gewalt eine Schranke, die nicht überschritten werden darf. Die Schranke negierendes staatliches Handeln ist verfassungswidrig. Wenn der Staat aber immer nur verhältnismäßig handeln darf, formuliert die Norm einen Tatbestand, der nicht eintreten darf. Dann aber fehlt der Norm ein Anwendungsbereich und ist überflüssig. Ferner hält der Verfasser es für ausgeschlossen, daß der Grundsatz der Verhältnismäßigkeit dem einzelnen einen Anspruch auf Privatisierung einer öffentlichen Aufgabe einräumt. Die Privatisierung, die die Norm ermöglichen soll, ist mit Blick auf das Interesse des Bürgers an preiswerter Aufgabenerfüllung nur dann sinnvoll, wenn die privat erfüllte Aufgabe den Bürger kostenmäßig geringer belastet als die staatlich erfüllte Aufgabe. Nur unter dieser Bedingung ist die Privatisierung bislang staatlich erfüllter Aufgaben überhaupt zulässig[115]. Die Richtigkeit dieser Aussage sei demonstriert an der Übertragung der Erfüllung der Aufgabe Abfallbeseitigung an einen "Dritten"

115 Vgl. zum Vorstehenden *Peine*, Privatisierung im Abfallrecht, in: Hoffmann/Müller (Hrsg.), Steuerungselemente kommunaler Abfallwirtschaft, S. 39 ff.

i.S.d. § 3 Abs. 2 Satz 2 AbfG. Die Übertragung der technischen Erfüllung der Aufgabe Abfallentsorgung ist nur dann zulässig, wenn der "Dritte" die Aufgabe mindestens ebenso wirtschaftlich erfüllen kann wie die entsorgungspflichtige Körperschaft selbst. Folgende Erwägungen bestätigen diese Aussage: Der Grundsatz der sparsamen und wirtschaftlichen Haushaltsführung existiert aus Gründen des Schutzes der Bürger. Diese finanzieren durch ihre Abgaben die öffentliche Hand. Die Abgabenlast soll so gering wie möglich sein - nur so hoch, wie es die Aufgabenerfüllung unbedingt benötigt. Deshalb kann den Staat entlastendes Handeln durch Private, deren "Preis" - wie hier - der Bürger der öffentlichen Hand schuldet, nur dann erlaubt sein, wenn die Privaten ihre Leistung zu Preisen erbringen, die die Kosten der öffentlichen Hand bei Selbsterfüllung der Aufgabe nicht übersteigen. Der Grundsatz der sparsamen und wirtschaftlichen Haushaltsführung hat den Bürger schützende Wirkung; diese Schutzwirkung darf durch zulässige Gestaltungsformen der Leistungserbringung nicht außer Kraft gesetzt werden. - Ein gebührenrechtlicher Aspekt bestätigt die aufgestellte These: Abfallbesitzer sind für die Entsorgung ihrer Abfälle gegenüber der entsorgungspflichtigen Körperschaft gebührenpflichtig. Diese Gebührenpflicht besteht unabhängig davon, ob ein "Dritter" eingeschaltet wird. Die entsorgungspflichtige Körperschaft ist an die sog. Gebührengrundsätze gebunden. Einer dieser Grundsätze ist das Äquivalenzprinzip: Leistung und Gegenleistung müssen in einem angemessenen Verhältnis zueinander stehen. Auf diese Weise wird dem Bürger garantiert, daß er keine "überhöhten Preise" zu bezahlen hat. Dieser nach Gebührenrecht bei Erfüllung der Aufgabe durch die entsorgungspflichtige Körperschaft sich ergebende "Preis" ist der "Höchstpreis". Wäre dem nicht so - könnte die entsorgungspflichtige Körperschaft dem "Dritten" einen beliebigen Preis zahlen und dem Abfallbesitzer als Gebühr "in Rechnung stellen" -, so würde die Bindung der entsorgungspflichtigen Körperschaft an das Gebührenrecht umgangen; die Bindung an das Gebührenrecht könnte beliebig "ausgeschaltet" werden. Dann aber wäre die Bindung an die Gebührengrundsätze von vornherein immer dann sinnlos, wenn die Beauftragung eines "Dritten" zulässig ist. Da nach h.M. die Beauftragung eines Dritten immer zulässig ist, § 3 Abs. 2 Satz 2 AbfG deklaratorische Bedeutung zukommt, wäre eine Bindung an die Gebührengrundsätze letztlich von vornherein nicht vorhanden. Dieses Ergebnis würde das Gesetz ad absurdum führen. Dieses Ergebnis ist wenigstens noch aus folgendem Grund plausibel: Private sollen in die Erfüllung öffentlicher Aufgaben eingeschaltet werden, weil sie die Leistung für den Bürger verbilligen sollen. Diese Intention würde aber ausgeschlossen, wenn Privaten durch ihre

Einschaltung über die Gebührenpflichtigkeit des Bürgers beliebige Gewinnmöglichkeiten eingeräumt würden[116].

Der Verfasser hat keine Einwände gegen die Privatisierung öffentlicher Aufgaben. Verfassungsrechtlich ist die Privatisierung öffentlicher Aufgaben ohne weiteres zulässig, es sei denn, die Verfassung gebietet die Aufgabenerfüllung durch Mitarbeiter des öffentlichen Dienstes; das ist nur selten der Fall. Es sind jedoch zwei Bedingungen bei der Privatisierung öffentlicher Aufgaben unabdingbar: Zum einen muß der gerade dargelegte Kostenaspekt beachtet werden, zum anderen darf im Interesse des Umweltschutzes die private Aufgabenerfüllung nicht qualitativ schlechter erfolgen als sie erfolgte, wenn die öffentliche Hand die Aufgabe wahrnähme[117].

3. Umweltqualitätsziele

Es ist zu erwägen, ob die Leitlinien des Umweltschutzes, deren Übernahme aus dem UGB-AT gerade vorgeschlagen wurde, durch die Verpflichtung zur Einhaltung von Umweltqualitätszielen zu ergänzen ist. Unter Umweltqualitätsziel werde eine Aussage verstanden, die über das Vorsorgeprinzip hinausgeht. Dieses Prinzip zielt auf umfassenden Schutz und schonende Inanspruchnahme der natürlichen Lebensgrundlagen; die Gesundheit und das Wohlbefinden des Menschen sowie die Leistungsfähigkeit des Naturhaushalts sollen auch in der Zukunft gesichert sein bzw. werden. "Umweltqualitätsziele sind (hingegen) substantielle Angaben zu Schutzwürdigkeitsprofilen der Umweltmedien und zu den anzustrebenden Entwicklungs- oder Wiederherstellungszielen von Natur und Landschaft. Sie können flächen-, medien- oder stoffbezogen formuliert werden. Eine strenge Quantifizierung kann angesichts der Komplexität des Sachbereichs und der Regelungsaufgabe freilich nicht verlangt werden. Qualitätsziele sind planerisch, d.h. vor allem durch eine vorausschauende Umweltleitplanung herauszuarbeiten. Entsprechendes gilt für den Gewässerschutz. Insofern setzt der Grundsatz bei einem Handlungs- und Ge-

---

[116] Vgl. zum Vorstehenden *Peine*, Kreislaufwirtschafts- und Abfallbeseitigungsrecht, in: Reiner Schmidt (Hrsg.), Öffentliches Wirtschaftsrecht - Besonderer Teil, Bd. 2, 1995.

[117] Eine entsprechende Norm könnte folgenden Wortlaut haben: "Die Behörden können die Erfüllung von Aufgaben nach Abs. 1 Satz 2 nichtstaatlichen Trägern übertragen, wenn diese die Aufgabe kostengünstiger als und in der gleichen Qualität wie die öffentliche Verwaltung wahrnehmen." Dieser Normvorschlag gibt den Privaten keinen Anspruch auf Übertragung von Aufgaben, sondern räumt den Behörden Ermessen ein. Das Interesse der Bürger an kostengünstiger Erbringung von Leistungen ist berücksichtigt. Das gleiche gilt für das Interesse des Umweltschutzes.

staltungsauftrag der öffentlichen Hand an. Er erschöpft sich jedoch nicht darin, sondern wirkt über die einzelnen Instrumente, insbesondere über die Eingriffsregelung und die Steuerungsmittel des Gebietsschutzes auch auf privates Verhalten ein."[118]

Die Verpflichtung zur Einhaltung von Umweltqualitätszielen enthält der Vorschlag eines UGB-AT nicht. Diese Verpflichtung findet sich hingegen im Vorschlag eines UGB-BT, und zwar in den Eingangsbestimmungen für den Naturschutz und den Gewässerschutz, s. §§ 172 Abs. 1, 224 Abs. 1. Daß auf die Formulierung solcher Qualitätsziele und die Verpflichtung zu ihrer Einhaltung in einem Gesetz, welches nicht nur verbal, sondern der Sache nach dem Umweltschutz dienen möchte, nicht verzichtet werden kann, liegt auf der Hand und wird von kompetenter Seite auch nicht bestritten. Die Frage ist nur, an welcher Stelle die Verpflichtung systematisch ausgesprochen werden soll: im Allgemeinen Teil oder im Besonderen Teil. Wie gesagt, sind Umweltqualitätsziele und Verpflichtungen zu ihrer Einhaltung für einzelne Schutzgüter zu fordern; deshalb spricht vieles dafür, die Forderung den Regelungen für die einzelnen Schutzgüter voranzustellen. Von dieser Idee ließen sich die Verfasser des UGB-AT leiten und verzichteten folgerichtig auf die Forderung in dem Vorschlag für das UGB-AT. Die Verfasser des UGB-BT waren an dieses Vorgehen gebunden. Der Gesetzgeber eines Landesumweltgesetzes für Brandenburg ist nicht gezwungen, diesem Vorgehen zu folgen. Für die Aufnahme der Forderung in den Allgemeinen Teil, und zwar dort an prominenter Stelle in den Eingangsbestimmungen, spricht, daß das mit Umweltqualitätszielen formulierte Handlungsprogramm durch seine Erwähnung am Anfang des Gesetzes besonders betont wird. Mit dieser Herausstellung erhält das Handlungsprogramm ein besonderes Gewicht. Seine Bedeutung für den praktischen Vollzug des Gesetzes ist durch einen Hinweis darauf, daß es an "versteckter Stelle" niedergelegt sei, nicht zu relativieren, da ein solcher Hinweis offensichtlich fehlgehen würde (offen bleibe, ob man mit Blick auf ein Gesetz überhaupt von "versteckten Stellen" sprechen darf; m.E. geht das nicht, so daß ein solcher Hinweis immer bedeutungslos ist).

Die aufgeführten Erwägungen lassen es jedenfalls nicht von vornherein als verfehlt erscheinen, die Forderung nach Umweltqualitätszielen in die Eingangsbestimmungen des Allgemeinen Teils eines Landesumweltgesetzes für Brandenburg aufzunehmen. Daß die Forderung in ein solches Gesetz gehört, liegt auf der Hand, solange sie nicht bundesweit infolge einer Normierung in einem Umweltgesetzbuch-Bund Geltung erlangt. Es liegt in der Konsequenz

---

118 *Schmidt-Aßmann*, in: UGB-BT, S 372 f.

des Vorschlags, die §§ 3-6 UGB-AT mit Ausnahme des § 6 Abs. 4 UGB-AT in das Landesumweltgesetz für Brandenburg aufzunehmen, auch für die Übernahme der Forderung nach Umweltqualitätszielen in das Landesumweltgesetz für Brandenburg zu plädieren.

Die beiden Bestimmungen lauten: § 172 Abs. 1: "Naturschutz und Landschaftspflege sind an Umweltqualitätszielen auszurichten, die in der Regel in Umweltleitplänen nach den §§ 19 bis 25 dargestellt werden." § 224 Abs. 1: "Der Schutz der Gewässer als Bestandteil des Naturhaushalts ist an Umweltqualitätszielen auszurichten, die in der Regel durch Umweltleitpläne nach §§ 19 bis 25 dargestellt werden." Beide Normen sind in einer Vorschrift zusammenzufassen; der Hinweis auf die Umweltleitpläne muß durch eine Bezugnahme auf die Landesentwicklungspläne ersetzt werden; s. dazu unten Näheres. Die in den Allgemeinen Teil aufzunehmende Norm könnte folgenden Wortlaut haben: "Naturschutz und Landschaftspflege sowie der Schutz der Gewässer als Bestandteil des Naturhaushalts sind an Umweltqualitätszielen auszurichten, die in der Regel in Landesentwicklungsplänen nach § 5 Abs. 3 des Vorschaltgesetzes zum Landesplanungsgesetz und Landesentwicklungsprogramm für das Land Brandenburg dargestellt werden." Ebenso können Umweltqualitätsziele für den Boden und die Luft formuliert werden. Diese gehören ebenfalls in den Allgemeinen Teil. Als Umweltqualitätsziel lassen sich §§ 286 Abs. 3, 317 Abs. 4 UGB-BT verstehen.

4. Besondere Grundsätze

In den Eingangsbestimmungen der jeweiligen Kapitel des UGB-BT sind besondere Grundsätze für die einzelnen Schutzbereiche formuliert. Für diese besonderen Grundsätze stellt sich ebenso wie für die Forderung nach Einhaltung von Umweltqualitätszielen die Frage, ob sie in den Allgemeinen Teil eines Landesumweltgesetzes für Brandenburg gehören. Es ist nach Auffassung des Verfassers dieser Studie nur konsequent, wenn er im selben Sinne wie für die Umweltqualitätsziele plädiert. Wenn die Forderung nach Aufstellung und Einhaltung von Umweltqualitätszielen in den Allgemeinen Teil des Landesumweltgesetzes für Brandenburg aufzunehmen ist, dann gilt das gleiche auch für die besonderen Grundsätze. Einen Hinweis für die Richtigkeit dieser Aussage bildet der Umstand, daß im UGB-BT, die die Umweltqualitätsziele betreffende Verpflichtung, als Leitlinie bzw. Grundsatz begriffen wird. Wenn ein Grundsatz in den Allgemeinen Teil eines Landesumweltgesetzes für Brandenburg aufgenommen wird, dann müssen folgerichtig auch die anderen Grundsätze an diesem Ort festgeschrieben werden.

Der Verfasser plädiert für die Übernahme der besonderen Grundsätze des UGB-BT. Zu ändern sind natürlich Formulierungen, die sich auf die Bundesrepublik als ganze beziehen. Diese Änderungen sind an dieser Stelle nicht zu erarbeiten, da es hier nur zu untersuchen gilt, was der Sache nach Inhalt eines Landesumweltgesetzes für Brandenburg sein kann - endgültige Textvorschläge müssen der Ausformulierung eines Landesumweltgesetzes für Brandenburg vorbehalten bleiben. Es sind ferner nur diejenigen besonderen Grundsätze zu übernehmen, die zu den Bereichen gehören, die das Land infolge seiner beschränkten Gesetzgebungskompetenz regeln kann. Aussagen zum Schutz vor Gefahrstoffen sowie zum Schutz vor ionisierenden Strahlen müssen deshalb entfallen.

Die besonderen Grundsätze, die das UGB-BT formuliert, lauten:

a) Besondere Grundsätze für den Naturschutz

§ 172 Grundsätze

(1) ...

(2) Ferner sind folgende speziellen Leitlinien beachtlich:

1. Böden sind in ihren ökologischen Funktionen zu erhalten; eine geschlossene Vegetationsdecke ist insbesondere für Wald, Grünland und Uferbereiche zu sichern; für Böden, deren Pflanzendecke beseitigt worden ist, ist eine standortgerechte Vegetationsentwicklung zu ermöglichen; Bodenerosionen sind zu vermeiden.

2. Im besiedelten Bereich sind noch vorhandene Naturbestände wie Waldreste, Bachläufe, Weiher, ökologisch bedeutsame Kleinstrukturen wie Hecken, Wegraine und Saumbiotopes zu erhalten und zu entwickeln.

3. Natürliche oder naturnahe Gewässer einschließlich der Uferzonen sind zu erhalten oder wiederherzustellen; Gewässer sind, insbesondere durch die Erhaltung und Anlage natürlicher und naturnaher Uferrandstreifen, vor Verunreinigungen zu schützen, ihre natürliche Selbstreinigungskraft ist zu erhalten oder wiederherzustellen; beim Ausbau von Gewässern sind vorrangig biologische Wasserbaumaßnahmen einzusetzen; den besonderen Schutzbedürfnissen der Küstengewässer und ihrer Randzonen ist Rechnung zu tragen; Grundwasserabsenkungen, die zu

erheblichen oder nachhaltigen Beeinträchtigungen natürlicher oder naturnaher Biotope führen können, sind zu vermeiden.

4. Gebiete mit günstiger klimatischer Wirkung, sowie Luftaustauschbahnen sind zu erhalten und soweit möglich, wiederherzustellen.

5. Beim Aufsuchen und bei der Gewinnung von Bodenschätzen, bei Abgrabungen und Aufschüttungen sind dauernde Schäden des Naturhaushalts und Beeinträchtigungen wertvoller Landschaftsteile zu vermeiden; unvermeidbare Beeinträchtigungen von Natur und Landschaft sind durch Förderung natürlicher Artenfolgen, Renaturierung, naturnaher Gestaltung oder Rekultivierung auszugleichen oder zu mindern; ausgebeutete Flächen sollen Zwecken des Naturschutzes und der Landschaftspflege zugeführt werden, wenn dieses ökologisch sinnvoll ist.

6. Biotope und sonstige Lebensbedingungen der Tiere und Pflanzen sind zu schützen; dabei ist sicherzustellen, daß die Biotope nach Lage, Größe und Beschaffenheit die Wanderung und Ausbreitung der Tiere und Pflanzen gemäß ihren artspezifischen Bedürfnissen ermöglichen.

7. Bei der Planung von ortsfesten baulichen Anlagen, Verkehrswegen, Energieleitungen und ähnlichen Vorhaben sind die natürlichen Landschaftsstrukturen zu berücksichtigen; infrastrukturelle Anlagen sind, soweit möglich, zusammenzufassen.

b) Besondere Grundsätze für den Gewässerschutz

§ 224 Grundsätze

(1) ...

(2) Als nutzbares Gut unterliegen die Gewässer staatlicher Bewirtschaftung. Die Gewässer sind so zu bewirtschaften, daß sie dem Wohl der Allgemeinheit und im Einklang mit ihm auch dem Nutzen einzelner dienen und daß jede vermeidbare Beeinträchtigung unterbleibt. Das Bewirtschaftungsermessen der Wasserbehörde erstreckt sich darauf, die Schutzwürdigkeit nutzbarer Gewässer zu bestimmen und eine Gefährdungsabschätzung für die jeweiligen Nutzungen, Einwirkungen und mengen- oder gütewirtschaftlich sonst relevanten Verhaltensweisen vorzunehmen. Die Inanspruchnahme eines nutzbaren Gewässers im ganzen soll die Grenzen der Belastbarkeit des Vorkommens in mengen- oder gütewirtschaftlicher Hinsicht nicht übersteigen.

(3) Soweit die Bewirtschaftungsziele für nutzbare Gewässer nicht schon nach Abs. 1 in Umweltleitplänen umschrieben sind, sollen sie in Bewirtschaf-

tungsplänen festgelegt werden oder aus entsprechenden Bewirtschaftungskonzepten begründbar sein.

(4) Soweit in anderen gesetzlichen Vorschriften, insbesondere auf dem Gebiet des Bergbaus, des Immissionsschutzes, des Naturschutzes, des Gewerbe- und Baurechts Maßnahmen zum Gewässerschutz getroffen werden, sind die nach § 225 erlassenen Bewirtschaftungspläne oder entwickelten Bewirtschaftungskonzepte zugrunde zu legen.

c) Besondere Grundsätze für den Bodenschutz

§ 286 Grundsätze

(1) Der Boden als Naturkörper und Lebensgrundlage für Menschen, Tiere und Pflanzen ist vor ungeeigneter Flächennutzung, übermäßigem Verbrauch und gegen Veränderungen und sonstige Beeinträchtigungen zu schützen. Seine Fruchtbarkeit und seine Leistungsfähigkeit sind zu bewahren.

(2) Boden soll für Vorhaben nur in Anspruch genommen werden, wenn sie sich nicht auf bereits versiegelten Flächen verwirklichen lassen. Für die Zulassung von Vorhaben gilt § 28 Abs. 2 entsprechend.

(3) Eingetretene Bodenbelastungen sollen beseitigt, Altlasten sollen saniert werden; wenn die Beseitigung einer Bodenbelastung oder die Sanierung einer Altlast nicht tunlich erscheint, sind schädliche Auswirkungen auf Mensch und Umwelt zu verhindern.

d) Besondere Grundsätze für den Immissionsschutz

§ 317 Grundsätze

(1) Maßnahmen, mit denen Emissionen verbunden sind, dürfen nicht zu schädlichen Immissionen führen (Gefahrenabwehr). Dem Entstehen schädlicher Immissionen soll vorgebeugt werden, insbesondere dadurch, daß die Immissionen soweit wie möglich vermieden werden (Vorsorge). Die Vorsorge dient auch dem Schutz empfindlicher Bestandteile des Naturhaushalts sowie dem Aufbau und der Zusammensetzung der Atmosphäre in ihrer natürlichen Form.

(2) Durch Immissionen verursachte Beeinträchtigungen sind um so weniger hinnehmbar, je höher die Gesamtbelastung und je schutzwürdiger das betroffene Gebiet ist. Die Schutzwürdigkeit eines Gebiets hängt insbesondere von seiner bauplanerischen oder sonstigen planerischen Ausweisung, von seiner tatsächlichen Nutzung und seiner etwaigen Prägung durch Immissionen ab. Gesundheitsbeeinträchtigungen sind nicht hinnehmbar; der Schutz besonders empfindlicher Gruppen ist zu gewährleisten.

(3) Bei raumbedeutsamen Maßnahmen und Planungen sind die für eine bestimmte Nutzung vorgesehenen Flächen einander so zuzuordnen, daß schädliche Immissionen für die ausschließlich oder überwiegend dem Wohnen dienenden Gebiete sowie für sonstige schutzbedürftige Gebiete soweit wie möglich vermieden werden.

(4) In besonders belasteten Gebieten sind die Immissionen nachhaltig zu vermindern, ohne dadurch andere Gebiete mehr als geringfügig stärker zu belasten.

e) Besondere Grundsätze für die Abfallwirtschaft und Abfallentsorgung

Die Übernahme von § 562 UGB-BT wird nicht vorgeschlagen, da das neue Gesetz zur Vermeidung, Verwertung und Beseitigung von Abfällen in § 4 KrW-/AbfG Grundsätze der Kreislaufwirtschaft und in § 10 KrW-/AbfG Grundsätze der gemeinwohlverträglichen Abfallbeseitigung aufstellt. Ob es sinnvoll ist, diese Grundsätze in einem Allgemeinen Teil eines Landesumweltgesetzes für Brandenburg zu wiederholen, sei dahingestellt; ob es möglich ist, weitere Grundsätze aufzustellen, die sich mit diesen vereinbaren lassen, kann Verfasser z.Zt. nicht abschließend beantworten. Dieses Problem muß später gelöst werden.

f) Besondere landesspezifische Grundsätze

In der Verfassung des Landes Brandenburg, sowie in den vorhandenen Landesumweltschutzgesetzen ist eine Reihe von Grundsätzen formuliert, die spezifisch landesorientiert sind. Hingewiesen sei zum einen auf Art. 39 BbgVerf: "Die Entsorgung von Abfällen, die nicht im Gebiet des Landes entstanden sind, ist unter Berücksichtigung der Besonderheiten Berlins nur in Ausnahmefällen zulässig und auszuschließen, sofern sie nach ihrer Beschaffenheit in besonderem Maße gesundheits- oder umweltgefährdend sind.", zum anderen auf § 1 Abs. 2 Nr. 1 BbgNatSchG: "Brandenburgs typische Landschaften und Naturräume wie großräumige Niederungs- und Feuchtgebiete,

Fließe, Seenketten, Heiden, Ländchen, Hügelländer, Platten sowie geomorphologische Sonderbildungen sind einschließlich ihrer Übergangsbereiche naturnah zu erhalten." Diese Grundsätze bedürfen der Aufnahme in das Landesumweltgesetz für Brandenburg. Dadurch erhält dieses Gesetz ein spezifisch brandenburgisches Profil.

g) Folgerung

Die besonderen Grundsätze für die einzelnen Schutzgüter sowie die landesspezifischen Grundsätze sind zusammenzufassen. Dabei sind Überschneidungen zu vermeiden. Diese Zusammenfassung könnte wie folgt vorgenommen werden: In einem der ersten Paragraphen könnte unter Berücksichtigung des zu ändernden § 3 UGB-AT wiederholt werden; in einer zweiten Norm würden die speziellen Leitlinien unter Einschluß der Aussage über die Qualitätsziele dargelegt; in einer dritten Vorschrift kämen die landesspezifischen Aussagen Brandenburgs zum Tragen. Diese Normierung würde dem Prinzip: "vom Allgemeinen zum Speziellen" folgen. Die Beachtung dieses Prinzips ist sinnvoll; sie würde eine häufig zu beobachtende Struktur in das Gesetz bringen.

5. Handlungspflichten

Das vorhandene Umweltrecht des Landes Brandenburg enthält ebenso wie das Umweltrecht des Bundes und das des UGB-BT eine Vielzahl von Handlungspflichten. Diese gehören nicht in den Allgemeinen Teil: weder in den eines UGB-Bund noch in den eines Umweltgesetzes für das Land Brandenburg. Hingewiesen sei in diesem Zusammenhang insbesondere auf die Pflicht zur Entsiegelung des Bodens. Das UGB-BT spricht sie in § 287 an. Diese Pflicht enthält kein Umweltqualitätsziel im zuvor unter 3. dargelegten Sinne, weil sie eine bestimmte Bodenqualität nicht formuliert; es geht "nur" darum, die Bedingungen dafür wiederherzustellen, die notwendig sind, damit der Boden seine natürlichen Funktionen wieder entfalten kann. Daß der Boden in diesem Sinne "funktionieren" muß, ergibt sich bereits aus § 286 Abs. 1 UGB-BT. Die Entsiegelung des Bodens ist deshalb als Grundsatz - wenngleich auch nicht ausdrücklich - formuliert. Ob in einem Landesumweltgesetz für Brandenburg dieser Grundsatz ausdrücklich hervorgehoben werden sollte, bleibe offen. Diese Frage muß beantwortet werden wenn es um die konkrete Formulierung eines Landesumweltgesetzes für Brandenburg geht.

II. Inhalte

Im folgenden werden Überlegungen zum Inhalt eines Landesumweltgesetzes für Brandenburg angestellt. Diesen Überlegungen sei vorangestellt, daß es im folgenden nicht darum gehen kann, einzelne Normvorschläge zu formulieren, sondern - dem Auftrag entsprechend - grundsätzlich zu klären, was Inhalt eines Landesumweltgesetzes für Brandenburg sein kann und sollte. Es geht im wesentlichen darum, ein spezifisches Profil für das Gesetz zu entwickeln, welches - auch - landesverfassungsrechtlichen Vorgaben genügt.

Unter C. I. 3. b ist der Hinweis gebracht worden, daß die Differenzierung des Umweltgesetzes für Brandenburg in einen Allgemeinen Teil und in einen Besonderen Teil möglich ist. Dieser Differenzierung entspricht die folgende Diskussion. Zugleich wird mit ihr der Nachweis geführt, daß die angeführte Aufteilung eines Landesumweltgesetzes praktisch machbar ist.

Das Landesumweltgesetz für Brandenburg sollte - grob - zwischen einem Ersten Teil: Allgemeine Vorschriften, und einem Zweiten Teil: Besondere Vorschriften, trennen. Die beiden Teile sollten in Kapitel, die Kapitel in Abschnitte, die Abschnitte in Unterabschnitte untergliedert sein.

1. Inhalte des "Allgemeinen Teils"

Dasjenige, was im Prinzip Inhalt des Allgemeinen Teils sein kann, haben die Verfasser des UGB-AT erarbeitet. Die Befassung mit dem UGB-BT hat nicht dazu geführt, dieses Ergebnis revidieren zu müssen. Es ist deshalb möglich, die denkbaren Inhalte eines Allgemeinen Teils des Landesumweltgesetzes für Brandenburg parallel zu den Inhalten des UGB-AT zu erörtern.

a) Erstes Kapitel: Allgemeine Vorschriften

Das UGB-AT normiert in § 1 den Zweck des Gesetzes, in § 2 Begriffsbestimmungen, in § 3 Leitlinien des Umweltschutzes, in § 4 das Vorsorgeprinzip, in § 5 das Verursacherprinzip und in § 6 das Kooperationsprinzip.

Es ist vollkommen klar und entspricht der mittlerweile im Bereich der Umweltgesetzgebung üblichen Technik, in § 1 den Zweck eines Gesetzes zu formulieren. Demzufolge muß § 1 eines Landesumweltgesetzes für Brandenburg ebenfalls eine Zweckbestimmung enthalten. Diese Zweckbestimmung sollte derart formuliert werden, daß sie die bislang in den einzelnen Umweltgesetzen des Landes Brandenburg vorhandenen Zweckbestimmungen zusammenfaßt. In diese Zweckbestimmung sind die einschlägigen Aussagen der Verfassung des Landes Brandenburg zu integrieren. Diese Aussagen finden sich in Art. 39, der den Schutz der natürlichen Lebensgrundlagen behandelt, und in Art. 40, der sich mit der Nutzung von Grund und Boden befaßt. Unter Berücksichtigung dieser Aussagen scheint § 1 des Landesumweltgesetzes für Brandenburg recht umfangreich zu werden. Dieses Faktum ist hinzunehmen. Zwar werden Zweckbestimmungen von Gesetzen in aller Regel kurzgefaßt; darin ist jedoch kein Postulat von allgemeiner Gültigkeit zu sehen. Die längere Fassung des Gesetzeszwecks vermeidet, und darauf ist besonders hinzuweisen, besondere Zweckbestimmungen in den einzelnen Kapiteln des Besonderen Teils. Insoweit verkürzt sie das Gesetz als ganzes. Ferner ist zur Rechtfertigung darauf hinzuweisen, daß die in diesem Umfang nirgendwo vorhandenen landesverfassungsrechtlichen Vorgaben eine ungewöhnlich lange Zweckbestimmung des Gesetzes erfordern.

§ 2 des Landesumweltgesetzes für Brandenburg müßte, ebenso wie alle neueren Umweltgesetze, Begriffsbestimmungen enthalten. Die Norm müßte alle Begriffe definieren, die im Gesetz wenigstens zweimal vorkommen. Der Paragraph wird dadurch ebenfalls lang werden. Dieses ist unschädlich; mit Blick auf die Gesamtlänge des Gesetzes ergibt sich eine Verkürzung.

Zu den Leitlinien des Umweltschutzes und zu den verschiedenen Prinzipien ist bereits Stellung genommen worden. Die Leitlinien des Umweltschutzes sollten, entsprechend der vorangegangenen Diskussion, um die Aussagen zu den Umweltqualitätszielen und den besonderen Grundsätzen ergänzt werden. Natürlich wird die Norm bei Befolgung dieses Vorschlags länger als gemeinhin üblich; vorteilhaft ist jedoch, daß dieses Vorgehen dazu führt, daß alle im Land Brandenburg relevanten Grundsätze des Umweltschutzes an einem Ort zusammengefaßt und damit übersichtlich für den Leser wie den Anwender des Gesetzes präsentiert werden.

Die Aussagen zum Vorsorgeprinzip, zum Verursacherprinzip und zum Kooperationsprinzip entsprechend der vorgeschlagenen Modifikation sollten folgen.

b) Zweites Kapitel: Umweltpflichten und Umweltrechte

Das UGB-AT befaßt sich in den §§ 7-18 mit Umweltpflichten und Umweltrechten. Das Landesumweltgesetz für Brandenburg sollte dem UGB-AT entsprechende Aussagen übernehmen, soweit es dafür die Gesetzgebungsmöglichkeit besitzt. Inwieweit das der Fall ist, kann im einzelnen nicht diskutiert werden. In dieses Kapitel sollten auch die Aussagen der Landesverfassung übernommen werden, die das Land, die Gemeinden und die Gemeindeverbände sowie sonstige Körperschaften des öffentlichen Rechts zu bestimmten Handlungen zugunsten der Umwelt verpflichten. Hingewiesen sei auf Art. 39 Abs. 1, 4, 5, 7, 9 und Art. 40 Abs. 3-5 BbgVerf.

c) Drittes Kapitel: Planung

Das UGB-AT befaßt sich in diesem Kapitel - §§ 19-30 - mit der sog. Umweltleitplanung, der Entsorgungsplanung, Umweltprogrammen und umweltrechtlichen Bindungen anderer öffentlicher Planungen. Die Übernahme dieser Vorschläge durch das Land Brandenburg ist wohl ausgeschlossen, weil sie vom vorhandenen Bundesrecht stark abweichen. Die Übernahme ist m.E. aber auch nicht notwendig. Das brandenburgische Vorschaltgesetz zum Landesplanungsgesetz und Landesentwicklungsprogramm v. 6.12.1991[119] enthält eine Vielzahl von Aussagen, die für die Umweltschutzplanung des Landes Brandenburg relevant sind. Die in § 4 formulierten Ziele der Raumordnung und Landesplanung befassen sich von Nr. 9 bis Nr. 15 mit dem Umweltschutz. Die Umsetzung dieser Ziele durch das Landesentwicklungsprogramm und Landesentwicklungpläne - § 5 - kann problemlos einhergehen mit der Verwirklichung von Planungen, die auf der Grundlage eines Landesumweltgesetzes für das Land Brandenburg geboten sind. Die Landesentwicklungspläne können nach § 5 Abs. 4 alle für den Umweltschutz relevanten Planungen aufnehmen. § 5 Abs. 4 Satz 2 schreibt sogar vor, es sei anzustreben, daß alle raumwirksamen Planungen, die für die Gesamtentwicklung des Landes Bedeutung haben, in Landesentwicklungsplänen festgelegt werden, soweit hierfür besondere gesetzliche Regelungen nicht gegeben sind. Auf die gerade erwähnten besonderen gesetzlichen Regelungen könnte verzichtet werden. Es könnte im Gegenteil vorgeschrieben werden, daß alle raumwirksamen umweltrechtlichen Planungen Teile der Landesentwicklungspläne sind. Würde diesem Vorschlag entsprechend verfahren, so würden die Landesentwicklungspläne alle umweltrelevanten raumbedeutsamen Maßnahmen enthalten und den Stand des Umweltschutzes im Lande Brandenburg dokumentieren, soweit er raumbedeutsam ist. Für jeden Interessierten würde sich durch einen Blick in die Landesentwicklungspläne erschließen, welche raumrelevanten Nutzungen festgelegt sind. Das Suchen nach weiteren raumrelevanten Plänen wäre überflüssig. In die Landesentwicklungspläne könnten beispielsweise Aussagen betreffend

---

119 GVBl. S. 616.

die Standorte für Abfallentsorgungsanlagen und Überschwemmungsgebiete eingetragen werden.

Im Umweltgesetz für das Land Brandenburg bietet sich deshalb zu den Planungen eine Vorschrift ungefähr folgenden Inhalts an: "Alle wirksamen raumrelevanten Planungsentscheidungen nach diesem Gesetz sind Bestandteil des Landesentwicklungsplans." Es müßten Aussagen folgen, die die Beteiligung der Landesplanungsbehörde an der Tätigkeit der Fachbehörde sicherstellt, die einen raumbedeutsamen Plan aufstellt. Zu den einzelnen Planungsverfahren s. sogleich unter e. Das Kapitel "Planung" und das Kapitel "Direkte Steuerung" können zu einem Kapitel zusammengefaßt werden.

Es ist zu überlegen, ob das Recht der Landesentwicklungspläne, soweit es für den Umweltschutz bedeutsam ist, in das Landesumweltgesetz für Brandenburg übernommen werden sollte. Gegen eine Übernahme spricht der Umstand, daß die Landesentwicklungspläne auch andere Aussagen als solche über den Umweltschutz enthalten und deshalb, weil nichtumweltspezifische Aussagen nicht in ein Landesumweltgesetz für Brandenburg gehören, die Landesentwicklungspläne geteilt werden müßten: zum einen in solche mit speziellen umweltschützenden Gehalten, zum anderen in solche mit anderen Gehalten. Sachlich sind solche Teilpläne natürlich ohne weiteres machbar. Es sind indes die Folgen zu bedenken: Damit die Teilung konsequent ist, müßte aus dem Raumplanungsgesetz das gesamte Umweltrecht herausgenommen und in das Landesumweltgesetz für Brandenburg inkorporiert werden. Dieses ist bislang in keinem Bundesland geschehen. Insoweit enthielte das Landesumweltgesetz für Brandenburg etwas prinzipiell Neues.

Das Auseinanderreißen der Landesentwicklungspläne mag als ein rein äußerliches Argument und damit als eines mit geringer Durchschlagskraft betrachtet werden. Zu fragen ist, ob das Auseinanderreißen für den Umweltschutz sachliche Vorteile bringt. Das scheint mir sehr fraglich - es scheint, als würde ein sachlich unverändertes Programm von einem Gesetz in ein anderes Gesetz übertragen. Mit materiellen Erwägungen läßt sich dieser Transfer nicht rechtfertigen. Rein formell betrachtet würde um der Vollständigkeit des Landesumweltgesetzes für Brandenburg halber das traditionelle Raumplanungsrecht gesprengt. Damit steht "Vollständigkeit" gegen "Tradition". Diesen Gegensatz vermag der Verfasser z.Zt. nicht aufzulösen. Es ist eine Sache des politischen Wollens, wie der Gegensatz überwunden wird.

d) Viertes Kapitel: Umweltfolgenprüfung

Das UGB-AT verwendet in den §§ 31-49 den Begriff Umweltverträglichkeitsprüfung nicht, sondern den der Umweltfolgenprüfung. In der Sache ist aber die Umweltverträglichkeitsprüfung i.S.d. Gesetzes über die Umweltverträglichkeitsprüfung[120] gemeint. Dieses Gesetz schreibt den Inhalt der Umweltverträglichkeitsprüfung sowie die Fälle vor, in denen sie vorzunehmen ist. Es stellt sich die Frage, ob entsprechende Regeln im Landesumweltgesetz für Brandenburg aufzunehmen sind. Unter Berücksichtigung des Art. 31 GG ist diese Frage zu verneinen. Es könnte daran gedacht werden, die Umweltverträglichkeitsprüfung für Sachverhalte, die das Bundesgesetz nicht erfaßt, vorzuschreiben. Sollte eine dahingehende Tendenz beim Landesgesetzgeber bestehen, so sollte eine entsprechende Aussage bei den Vorschriften enthalten sein, die diese Fälle regeln. Das Recht der Umweltverträglichkeitsuntersuchung nach dem Vorschaltgesetz zum Landesplanungsgesetz und Landesentwicklungsprogramm für das Land Brandenburg sollte in diesem Gesetz bleiben und nicht in den Allgemeinen Teil eines Landesumweltgesetzes für Brandenburg übernommen werden. Das Verbleiben dieses Rechts am bisherigen Standort ist schon deshalb sinnvoll, weil es nicht konkrete Einzelprojekte betrifft, für die die Umweltverträglichkeitsprüfung bedeutsam ist, sondern größere Gebiete.

Ein eigenständiges Landesrecht der Umweltverträglichkeitsprüfung wird nach alledem nicht befürwortet.

Das Land kann für einzelne Projekte, die das Gesetz über die Umweltverträglichkeitsprüfung nicht erfaßt, eine Umweltverträglichkeitsprüfung anordnen, § 4 UVP-G. Dieses ist z.B. nach § 38 Abs. 3 LStrG für die Planfeststellung von Landes- und Kreisstraßen vorgeschrieben. Eine Aussage im Allgemeinen Teil des Landesumweltgesetzes für Brandenburg ist insoweit notwendig, als auf die Anwendbarkeit des Bundesrechts für die Durchführung der Umweltverträglichkeitsprüfung hinzuweisen ist. Ferner ist im Allgemeinen Teil die federführende Behörde i.S.v. § 14 UVP-G zu bestimmen.

e) Fünftes Kapitel: Direkte Steuerung

Das UGB-AT enthält in diesem Kapitel, in den §§ 50-76, eine Reihe von Besonderheiten. Es führt insbesondere die Umweltbewilligung ein. Dieses Institut entspricht nicht geltendem Recht. Es ist deshalb ausgeschlossen, daß

---

120 v. 12.2.1990, BGBl. I S. 205.

ein Umweltgesetz für das Land Brandenburg diese Vorschriften übernimmt; das Landesgesetz muß sich an den geltenden bundesrechtlichen Vorgaben orientieren.

Für die geltenden bundesgesetzlichen Vorgaben ist mit Blick auf die Genehmigungsarten und Genehmigungsverfahren hervorzuheben, daß dem Land wohl kaum ein Spielraum für eigenständige Regelungen verbleibt. Zu denken ist an ein eigenständiges Planfeststellungsrecht und an ein eigenständiges Plangenehmigungsrecht. Das Verwaltungsverfahrensgesetz des Bundes gilt nach § 1 Abs. 3 VwVfG-Bund nicht, wenn die Länder ein eigenständiges Verwaltungsverfahrensgesetz erlassen haben; das ist in Brandenburg mit dem Inkrafttreten des Verwaltungsverfahrensgesetzes für das Land Brandenburg v. 26.2.1993[121] der Fall. Das Land Brandenburg könnte in sein Verwaltungsverfahrensgesetz Regelungen über die Planfeststellung oder die Plangenehmigung aufnehmen, die vom Bundesrecht abweichen, weil ihm abweichende Regelungen vernünftig erscheinen - soweit es das Bundesrecht zuläßt. Es könnte daran gedacht werden, Wirkungen der Plangenehmigung, von denen zu hören ist, daß sie allgemein eingeführt werden sollen, abzumildern - die Plangenehmigung soll formelle und materielle Präklusionswirkung erhalten. Ob die Einführung eines "Abmilderungsrechts" verfassungsrechtlich zulässig ist, bleibe offen. Opportun ist der Erlaß eines solchen Rechts in jedem Falle nicht, weil es die Einheit von Bundes- und Landesverfahrensrecht sprengen würde. Seit Inkrafttreten des Verwaltungsverfahrensgesetzes des Bundes im Jahre 1976 ist es ein eherner Grundsatz gewesen, daß im Bereich des Verwaltungsverfahrens Bundes- und Landesrecht nicht auseinanderfallen. Von diesem Grundsatz abzuweichen, erscheint nicht ratsam. Eine Abweichung des Landes Brandenburg ließe sich auch nur dann rechtfertigen, wenn es landesspezifische Gründe gäbe, die ein Abweichen vom Bundesrecht zwingend erscheinen ließen. Solche landesspezifischen Gründe sind nicht ersichtlich. Daß das Bundesrecht unter Umweltgesichtspunkten möglicherweise einen Rückschritt darstellt, mag bedauerlich sein, sollte das Land aber nicht dazu bewegen, von einem seit 1976 verfolgten Prinzip abzuweichen.

In den Allgemeinen Teil eines Landesumweltgesetzes für Brandenburg gehört eine Aussage, die auf anzuwendendes Verfahrensrecht verweist, soweit es in Gesetzen außerhalb des Umweltrechts normiert ist. Dieses Verfahrensrecht im Allgemeinen Teil eines Landesumweltgesetzes für Brandenburg zu wiederholen, ist wohl nicht angebracht; es würde sich um eine Doppelnormierung handeln. In den Allgemeinen Teil eines Umweltgesetzes für Brandenburg

---

121 GVBl. S. 26.

gehört in Landesumweltgesetzen selbst geregeltes Verfahrensrecht. Seine Übernahme in den Allgemeinen Teil ist zugleich ein Anlaß, es zu vereinheitlichen. Auf das vereinheitlichte Recht können dann Bestimmungen im Besonderen Teil verweisen.

Es bietet sich folgende Regelungstechnik an: Im Allgemeinen Teil könnten die Arten von Genehmigungsverfahren enumerativ aufgezählt und zugleich könnte auf das zur Anwendung gelangende Recht verwiesen oder es - soweit nötig - selbst geregelt werden. Es könnten anschließend auch die Fälle aufgezählt werden, bei denen die jeweilige Art des Genehmigungsverfahrens zur Anwendung gelangt. Die Norm könnte etwa folgendermaßen lauten: Abs. 1: Genehmigungsverfahren sind das förmliche Verwaltungsverfahren, das Planfeststellungsverfahren, das Plangenehmigungsverfahren und das sonstige Genehmigungsverfahren. Abs. 2: Das Planfeststellungsverfahren richtet sich nach §§ x, y VwVfG-Bbg. Es kommt in folgenden Fällen zur Anwendung: 1. beim Ausbau eines Gewässers nach § z, etc. ...

Das Kapitel "Direkte Steuerung" enthält in seinem zweiten Abschnitt Aussagen über die Überwachung. Ein solches Kapitel sollte in einem Allgemeinen Teil eines Landesumweltgesetzes für Brandenburg nicht fehlen. In den Aussagen zur Überwachung könnte folgendes zusammengefaßt werden: das gesamte Recht der Überwachung, wie es im UGB-AT formuliert ist. Sodann: das Recht der eingreifenden Maßnahmen einschließlich eines Folgerechts wie z.B. Entschädigungspflicht bei Widerruf oder Rücknahme einer Genehmigung. Überwachungsrecht und ein Recht der eingreifenden Maßnahmen gibt es für alle Umweltschutzbereiche, die im Besonderen Teil eines Landesumweltgesetzes für Brandenburg zu regeln sind. Ein solches Kapitel im Allgemeinen Teil hätte zwingend eine enorme Rechtsvereinfachung sowie eine geringere Normenmenge zur Folge. Das angesprochene Recht bildet einen hervorragenden Beispielsfall für diejenigen Regelungen, die in einen Allgemeinen Teil eines jeden Landesumweltgesetzes gehören.

f) Sechstes Kapitel: Indirekte Steuerung

Das UGB-AT befaßt sich in diesem Kapitel - §§ 77-102 - mit Umweltabgaben, Umweltsubventionen, sog. flexiblen Instrumenten, der Nutzung öffentlicher Einrichtungen sowie dem Umweltschutzdirektor und den Umweltbeauftragten.

Das allgemeine Recht der Umweltabgaben sollte in dem Allgemeinen Teil eines Landesumweltgesetzbuchs für Brandenburg geregelt werden, wenn das Land mehr als eine Umweltabgabe erheben sollte. Das scheint der Fall zu sein: Das Land kennt die naturschutzrechtliche Ausgleichsabgabe nach § 15 LNatSchG und ein Wassernutzungsentgelt nach § 40 LWG. Daneben gibt es die Abwasserabgabe[122]. Das Land könnte auch daran denken, eine Abfallabgabe zu erheben, wie es z.Zt. in den Ländern Baden-Württemberg[123], Bremen[124], Hessen[125] und Niedersachsen[126] geschieht. Das diese Abgaben betreffende allgemeine "Finanzrecht" gehört in einen Allgemeinen Teil.

In diesen Teil gehörte auch ein Recht der Umweltsubventionen. Eine Form der Umweltsubvention kennt das Vorschaltgesetz zum Landes-Immissionsschutzgesetz in § 18. Diese Norm lautet: "Für Maßnahmen zur Verminderung von Umweltbelastungen, die durch Emissionen verursacht oder durch Energieanwendungen hervorgerufen werden, können nach Maßgabe der haushaltsrechtlichen Bestimmungen, insbesondere der §§ 23, 44 und 45 der Landeshaushaltsordnung v. 7. Mai 1991 und der im Haushalt ausgewiesenen Mittel Zuwendungen gewährt werden." Solche Zuwendungen sind auch in anderen Fällen denkbar. Es empfiehlt sich deshalb, ein allgemeines Recht der Umweltsubventionen in den Allgemeinen Teil aufzunehmen.

Das UGB-AT kennt flexible Instrumente. Damit meint es folgendes, wie sich aus § 87 UGB-AT ergibt: Von Anforderungen nach diesem Gesetz oder aufgrund dieses Gesetzes können nach Maßgabe näherer Bestimmungen Ausnahmen gewährt werden, wenn dies mit dem Zweck des Gesetzes vereinbar ist, insbesondere hierdurch auf Dauer die Umweltbeeinträchtigung oder Umweltrisiken nicht erhöht werden oder eine gleichwertige oder weitergehende Entlastung der Umwelt erreicht wird als bei Beachtung der gesetzlichen Anforderungen. Ob sich für den Bereich des Landesrechts Einsatzmöglichkeiten für diese "flexiblen Instrumente" ergeben, bedarf näherer Prüfung, die hier nicht vorzunehmen ist. Sollte diese Prüfung ergeben, daß Einsatzmöglichkeiten der genannten Art bestehen, sind die Instrumente im Allgemeinen Teil zu formulieren.

---

[122] Das Gesetz über die Abwasserabgabe ist im Entstehen.

[123] Landesabfallabgabengesetz v. 11.3.1991, GBl. S. 133.

[124] Bremisches Abfallabgabengesetz v. 24.11.1992, GBl. S. 639.

[125] Hessisches Sonderabfallabgabengesetz v. 26.6.1991, GVBl. I S. 218.

[126] Niedersächsisches Abfallabgabengesetz v. 17.12.1991, GVBl. S. 373.

Das gleiche gilt für die Nutzung öffentlicher Einrichtungen, die das UGB-AT in §§ 91-93 regelt. Hinzuweisen ist freilich darauf, daß § 93 UGB-AT § 3 Abs. 6 AbfG wiederholt; diese Norm kann deshalb in jedem Fall in einem Allgemeinen Teil eines Landesumweltgesetzbuchs für Brandenburg fehlen. Im übrigen ist näher zu prüfen, ob dieses Recht der Übernahme in den Allgemeinen Teil bedürftig ist.

Nicht übernahmefähig ist das Recht des Umweltschutzdirektors und des Umweltbeauftragten. Es weicht vom Bundesrecht ab, welches in mehreren Fällen Betriebsbeauftragte kennt. An die landesrechtliche Einführung eines Betriebsbeauftragten ist nicht zu denken, weil ein Anwendungsbereich fehlt. Dieses Recht gehört deshalb nicht in den Allgemeinen Teil.

g) Siebentes Kapitel: Umweltinformation

Das UGB-AT kennt in den §§ 103-109 ein Recht der Umweltinformation. In ihm ist geregelt die Umweltforschung, die Umweltbeobachtung, das Recht der Umweltstatistiken, die Umweltberichterstattung, das Recht der Warnungen, Hinweise und Empfehlungen, ein Umweltsiegel und die Umweltaufklärung. Er erscheint problemlos möglich, daß das Land Brandenburg sich in einem Allgemeinen Teil eines Landesumweltgesetzes verpflichtet, Umweltforschung zu betreiben, die Umwelt zu beobachten, eine Umweltstatistik zu erstellen sowie über die Umwelt Bericht zu erstatten. Hinzuweisen ist in diesem Zusammenhang auf Art. 39 Abs. 7 der Verfassung des Landes Brandenburg, der das Land, die Gemeinden und Gemeindeverbände verpflichtet, Informationen über gegenwärtige und zu erwartende Belastungen der natürlichen Umwelt zu erheben und zu dokumentieren. Zumindest ein Recht der Umweltstatistik müßte es geben. Dieses Recht könnte an dieser Stelle des Allgemeinen Teils geregelt werden.

In diesen Zusammenhang ist das Recht der Bürger auf Umweltinformationen nicht aufzunehmen. Wie festgestellt, sollte der Allgemeine Teil eines Umweltgesetzes für das Land Brandenburg parallel zum UGB-AT konstruiert werden. Das UGB-AT enthält ein Recht auf Umweltinformationen in seinem 9. Kapitel.

h) Achtes Kapitel: Umwelthaftung und Entschädigung für Umweltschäden

Das UGB-AT regelt in den §§ 110-130 das Recht der Umwelthaftung und der Entschädigung für Umweltschäden. Ein eigenständiges Umwelthaftungsrecht des Landes entfällt, weil der Bund ein Umwelthaftungsgesetz erlassen hat und deshalb für das Land Regelungsmöglichkeiten, jedenfalls größeren Umfangs, nicht mehr bestehen. - § 130 UGB-AT regelt das Recht des sog. "billigen Ausgleichs". Entschädigungsansprüche unterhalb der Enteignungsschwelle kennt das Landesumweltrecht von Brandenburg ebenfalls. Dieses Recht könnte zusammengefaßt und in den Allgemeinen Teil übernommen werden.

i) Neuntes Kapitel: Beteiligung von Verbänden, Öffentlichkeit von Verfahren

Das UGB-AT regelt in den §§ 131-144 das Recht der Beteiligung von Verbänden in umweltschutzrelevanten Verfahren und die Öffentlichkeit von Verfahren.

Das Recht der Mitwirkung von Verbänden an Entscheidungen im Bereich des Naturschutzes und die Anerkennung von Verbänden regelt § 29 BNatSchG. Insoweit ist eine Aussage im Landesrecht nicht mehr notwendig. Hinzuweisen ist auf Art. 39 Abs. 8 Satz 2 der Verfassung des Landes Brandenburg. Nach dieser Vorschrift haben anerkannte Umweltverbände das Recht auf Beteiligung an Verwaltungsverfahren, die die natürlichen Lebensgrundlagen betreffen. Mit dieser Norm nimmt, was die Anerkennung von Umweltverbänden anbelangt, die Verfassung auf § 29 BNatSchG Bezug. Partiell ist Art. 39 Abs. 8 Satz 2 BbgVerf. in § 5 LNatSchG umgesetzt. Die Norm regelt aber weiter, daß diese Verbände ein Recht auf Beteiligung an allen Verwaltungsverfahren besitzen, die die natürlichen Lebensgrundlagen betreffen. Die Verfassung geht insoweit über § 29 BNatSchG hinaus. Dieses Recht bedarf der Ausgestaltung in einem Allgemeinen Teil des Landesumweltgesetzes für Brandenburg.

In diesem Zusammenhang ist zu diskutieren die Aussage des Art. 39 Abs. 8 Satz 1 der Verfassung für Brandenburg, nach der die Verbandsklage zulässig ist. Das deutsche Verwaltungsprozeßrecht kennt die Verbandsklage nur in Ausnahmefällen. § 42 Abs. 2 VwGO erhebt zum Normaltyp der verwaltungsgerichtlichen Klage die sog. Verletztenklage. § 42 Abs. 2 VwGO enthält aber einen Vorbehalt für andere Klagen. Es heißt dort: "soweit gesetzlich nichts anderes bestimmt ist ...". Das bedeutet, daß die Verbandsklage qua Gesetz eingeführt werden kann. Das Problem besteht darin, ob die Verbandsklage ausschließlich durch Bundesrecht oder aber auch durch Landesrecht Geltung erlangen kann. Die in der Bundesrepublik bislang vorhandenen Verbandsklagen im Bereich des Naturschutzrechts beruhen auf § 29 Abs. 1 BNatSchG; diese Norm stellt fest, daß einem rechtsfähigen Verein bestimmte Rechte eingeräumt sind, soweit nicht in anderen Rechtsvorschriften eine inhaltsgleiche oder weitergehende Form der Mitwirkung vorgesehen ist. Von der Möglichkeit, eine weitergehende Form der Mitwirkung einzuführen, haben einige Länder[127] Gebrauch gemacht; sie haben die Verbandsklage - natürlich nur für ihr Land geltend; anderes kann nicht sein - erlaubt. Das Bundesverwaltungsgericht[128] hat festgestellt, daß im Rahmen von § 42 Abs. 2 VwGO landesrechtlich in zulässiger Weise die Klagebefugnis auch solchen Stellen eingeräumt werden kann, die nicht geltend machen können, durch eine Entscheidung der Verwaltung in eigenen Rechten verletzt zu sein. Nach dieser Rechtsprechung erlaubt § 42 Abs. 2 VwGO ein Doppeltes: zum einen die Einführung der Verbandsklage als solche, zum anderen die Einführung der Verbandsklage sowohl durch den Bund als auch durch die Länder. § 42 Abs. 2 VwGO enthält keine Aussage zum Problem, ob die Verbandsklage nur speziell oder aber auch generell eingeführt werden darf. Demnach steht die Aussage in Art. 39 Abs. 8 Satz 1 der Verfassung für Brandenburg mit der Rechtsprechung des Bundesverwaltungsgerichts in Einklang.

Hinzuweisen ist freilich darauf, daß diese Rechtsprechung in der Literatur stark bekämpft wird und nicht abzusehen ist, ob sie sich irgendwann einmal in der Zukunft ändern wird. Nach Auffassung von Schmitt Glaeser[129] widerspricht das Geltendmachen fremder Rechte im eigenen Namen dem Prinzip des Individualrechtsschutzes, wie es sowohl in Art. 19 Abs. 4 GG als auch im Klagesystem der VwGO deutlich zum Ausdruck komme. Gesetzliche Prozeßstandschaften müßten daher auf besondere Ausnahmefälle beschränkt werden. Daran lasse auch der Wortlaut des § 42 Abs. 2 VwGO keinen Zweifel. Die Wahrnehmung öffentlicher Belange habe Sache des Staates zu bleiben und dürfe nicht in Verbände abwandern. - Einen Frontalangriff gegen die Landeskompetenz von Verbandsklagen im Naturschutzrecht unternimmt Lässig[130]. Er ist der Auffassung, daß entgegen dem Urteil des Bundesverwaltungsgerichts v. 18.12.1987[131] eine Landeskompetenz zur Einführung altruistischer Verbandsklagen im Naturschutzrecht nicht bestehe. Die vorhandenen Regelungen in Bremen, Hamburg, Hessen, Berlin und im Saarland seien nichtig. Aus der Entstehungsgeschichte von § 29 Abs. 1 BNatSchG folge, daß die Verbandsmitwirkung im Verwaltungsverfahren anstelle der Verbandsklage

---

127 § 44 BremNatSchG; § 36 HessNatSchG.

128 BVerwG, NVwZ 1988, 364; 199, 660.

129 *Schmitt Glaeser*, Verwaltungsprozeßrecht, Rn. 170.

130 *Lässig*, Keine Landeskompetenz für Verbandsklage im Naturschutzrecht, NVwZ 1989, S. 97 ff.

131 BVerwG, NVwZ 1988, S. 527.

eingeführt wurde, die Vorbehaltsklausel nur weitergehende Mitwirkungsformen im Verwaltungsverfahren zulasse, der Bund den Ländern also keine ausfüllungsfähige Regelungslücke insoweit gelassen habe, so daß die Länder nach Art. 72 Abs. 1 GG gesperrt seien, Verbandsklagen im Naturschutzrecht einzuführen. Gegen den Rückgriff auf § 42 Abs. 2 VwGO argumentiert Lässig folgendermaßen: Der Rückgriff auf den allgemeinen Vorbehalt in § 42 Abs. 2 VwGO wäre nur und erst dann zulässig, wenn dargetan sei, daß der Bund in § 29 BNatSchG seine Rahmenkompetenz nach Art. 75 Nr. 3 GG nicht ausgeschöpft habe, so daß insoweit auch keine Sperrwirkung zu Lasten der Länder nach Art. 72 Abs. 1 GG eingetreten sei. Hätte der Bund dagegen seine Kompetenz durch eine abschließende Regelung des Inhalts ausgeschöpft, daß die Verbandsklage im Naturschutzrecht nicht eingeführt werde, so wären die Länder an der landesgesetzlichen Einführung nach Art. 72 Abs. 1 GG gesperrt. Gegen diese verfassungsrechtliche Aussage ist nichts zu erinnern. Es kommt deshalb auf den Nachweis an, daß der Bund durch die Regelung des § 29 Abs. 1 Nr. 1 BNatSchG die Verbandsklage ausschließen wollte. Dazu führt Lässig aus: "Demnach beantwortet sich die entscheidende Frage, ob § 29 Abs. 1 BNatSchG eine abschließende bundesrechtliche Regelung i.S. einer Nichteinführung der Verbandsklage im Naturschutz- und Landschaftspflegerecht darstellt oder insoweit landesgesetzlich ausfüllungsfähig ist, durch eine genetische Interpretation dieser Vorschrift, d.h. eine Interpretation, die den gesetzgeberischen Willen anhand der Gesetzesmotive und der bei der Vorbereitung und Beratung des Gesetzes geäußerten Meinungen und Absichten zur Geltung zu bringen sucht. Weder der Entwurf eines Gesetzes für Naturschutz und Landschaftspflege der CDU/CSU-Fraktion v. 14.3.1973, noch der der Bundesregierung v. 9.7.1973, noch der des Bundesrats v. 24.7.1975 enthielten den Vorschlag zur Einführung einer Verbandsklage im Bundesnaturschutzgesetz. Auch die während der parlamentarischen Beratungen dieser Entwürfe von verschiedener Seite eingebrachten Änderungsanträge hatten keine Verbandsklage zum Gegenstand. In dem Bericht des federführenden Bundestagsausschusses für Ernährung, Landwirtschaft und Forsten v. 21.5.1976 heißt es ausdrücklich: 'Die von verschiedenen Seiten während des Gesetzgebungsverfahrens geforderte Verbandsklage im Bereich des Naturschutzes und der Landschaftspflege ist von sämtlichen beteiligten Ausschüssen abgelehnt worden'. Stattdessen sei den Verbänden ein Anhörungsrecht im Verwaltungsverfahren eingeräumt worden. Aus einer schriftlichen Unterrichtung des Bundestages durch den Bundesrat über einen Änderungsantrag hinsichtlich der Vorschrift über die Mitwirkung der Verbände schließlich geht unmißverständlich hervor, daß die Verbandsmitwirkung allein im Verwaltungsverfahren vorgesehen, eine verwaltungsprozessuale Klagebefugnis einzuführen dagegen nicht beabsichtigt sei. Anläßlich der 2. und 3. Lesung des Entwurfs eines Bundesnaturschutzgesetzes im Plenum des Bundestages v. 3.6.1976 betonten die Sprecher aller Fraktionen sowie der zuständige Ressortminister, daß von der Einführung der Verbandsklage im Naturschutz- und Landschaftspflegerecht bewußt abgesehen werde. Dies begründete etwa der Berichterstatter im Ausschuß für Ernährung, Landwirtschaft und Forsten, der Abgeordnete Susset, damit, daß mit der Einführung der Verbandsklage ein 'Präzedenzfall mit unabsehbaren Folgen für andere Verwaltungsgebiete' geschaffen würde. - Aus all dem geht also eindeutig hervor, daß der Bundesgesetzgeber die Verbandsklage bewußt und gewollt nicht in das Bundesnaturschutzgesetz aufgenommen und sämtlichen dahingehenden Bestrebungen eine klare Absage erteilt hat. Der Bundesgesetzgeber wollte keine Verbandsklage im Naturschutz- und Landschaftspflegerecht; davon, daß er 'in Sachen Verbandsklage keine Entscheidung getroffen hat', kann nicht die Rede sein."

Wie bereits dargelegt, teilt das Bundesverwaltungsgericht diese Auffassung nicht. Ferner ist zu bedenken, daß die genetische Interpretation nur Hinweise für das Verständnis einer Norm bringt; das Bundesverfassungsgericht[132] vertritt in ständiger Rechtsprechung folgende These: "Maßgebend für die Auslegung einer Gesetzesbestimmung ist der in dieser zum Ausdruck kommende objektivierte Wille des Gesetzgebers, so wie er sich aus dem Wortlaut der Gesetzesbestimmung und dem Sinnzusammenhang ergibt, in den dieser hineingestellt ist. Nicht entscheidend ist dagegen die subjektive Vorstellung der am Gesetzgebungsverfahren beteiligten Organe oder einzelner ihrer Mitglieder über die Bedeutung der Bestimmung." Mit Hilfe dieser Interpretationsmethode ist völlig problemlos das Ergebnis zu gewinnen, § 29 Abs. 1 Satz 1 BNatSchG erlaube den Ländern die Einführung der Verbandsklage im Naturschutzrecht. Die von Lässig vorgetragenen Erwägungen genetischer Art spielen nach der Rechtsprechung des Bundesverfassungsgerichts zur Norminterpretation keine Rolle. Die Analyse von Lässig mag sachlich richtig sein, eine endgültige Aussage liefert sie jedoch nicht. Schließlich ist auf weiteres hinzuweisen: Wenn infolge der Interpretation des § 29 Abs. 1 Satz 1 BNatSchG es ausgeschlossen wäre, auf § 42 Abs. 2 VwGO zurückzugreifen, so würde diese Sperrwirkung nur für das Recht des Naturschutzes und der Landschaftspflege greifen. Darüber hinaus, also für weitere umweltschutzrechtliche Probleme, könnte § 29 Abs. 1 Satz 1 BNatSchG Sperrwirkung nicht entfalten. Wenigstens insoweit wäre der Landesgesetzgeber von Brandenburg an der Einführung einer Verbandsklage nicht gehindert. - Art. 19 Abs. 4 GG äußert sich zum Problem der Zulässigkeit einer Verbandsklage definitiv nicht. Seine Funktion hat zur Frage der Zulässigkeit der Verbandsklage keinen Bezug.

---

132 BVerfGE 1, 299/312; ständige Rspr.

Nach diesen Erwägungen steht für den Verfasser fest, daß Art. 39 Abs. 8 Satz 1 der Verfassung von Brandenburg eine Norm darstellt, die § 42 Abs. 2 VwGO ausschöpft und deshalb rechtmäßig ist. Von Landesverfassungsrecht, welches wegen eines Verstoßes gegen Art. 72 Abs. 1 GG verfassungswidrig ist, kann nach meinem Dafürhalten nicht die Rede sein. Es ist in Erfüllung dieses Verfassungsauftrags in dem Allgemeinen Teil eines Landesumweltgesetzes für Brandenburg die Verbandsklage in dem Umfang einzuführen, den die Landesverfassung vorsieht.

In diesem Zusammenhang ist auch der Verfassungsauftrag nach Art. 39 Abs. 7 der Verfassung für Brandenburg zu erfüllen. Nach dieser Norm sind das Land, die Gemeinden und Gemeindeverbände verpflichtet, Informationen über gegenwärtige und zu erwartende Belastungen der natürlichen Umwelt zu erheben und zu dokumentieren; Eigentümer und Betreiber von Anlagen haben eine entsprechende Offenbarungspflicht. Nach dieser Norm hat ferner jeder das Recht auf diese Informationen, soweit nicht überwiegende öffentliche oder private Interessen gegenstehen. Nach Art. 39 Abs. 7 Satz 3 regelt das Nähere ein Gesetz. Dieses Gesetz sollte Bestandteil des Allgemeinen Teils eines Landesumweltgesetzes für Brandenburg sein.

Als erstes wäre zu regeln die Pflicht zur Erhebung von Informationen und ihre Dokumentation. Ferner muß geregelt werden, wie Private gegenüber den genannten Behörden ihre Rechtspflicht zu erfüllen haben. Schließlich bedarf es einer Aussage darüber, in welcher Form die Informationen dokumentiert werden, z.B. in der Form eines Katasters; es ist zu regeln Art der Anlage und Form der Führung des Katasters.

Problematisch ist, ob das Recht auf diese Informationen noch in einem Allgemeinen Teil eines Landesumweltgesetzes für Brandenburg zu regeln ist. Der Bundesgesetzgeber hat erlassen das Gesetz zur Umsetzung der Richtlinie 90/313/EWG des Rates v. 7. Juni 1990 über den freien Zugang zu Informationen über die Umwelt; das Gesetz stammt v. 8. Juli 1994[133] und ist nach seinem Art. 3 am 9. Juli 1994 in Kraft getreten. Das Gesetz hat folgenden Regelungsgehalt: § 1 bestimmt den Zweck des Gesetzes; Zweck des Gesetzes ist es, den freien Zugang zu den bei den Behörden vorhandenen Informationen über

---

133 BGBl. S. 1490. Zu diesem Gesetz z.B. *Kremer*, Das Umweltinformationsgesetz, LKV 1994, S. 349 ff.; *Röger*, Umweltinformationsgesetz, Kommentar; *Schomerus/Schrader/Wegener*, Umweltinformationsgesetz, Kommentar; *Fluck/Theuer*, Umweltinformationsrecht, Kommentar; bei *Fluck/Theuer* ein umfangreicher Nachweis der zum Umweltinformationsgesetz und seiner Entstehung erschienenen Literatur.

die Umwelt sowie die Verbreitung dieser Informationen zu gewährleisten und die grundlegenden Voraussetzungen festzulegen, unter denen derartige Informationen zugänglich gemacht werden sollen. § 2 des Gesetzes regelt seinen Anwendungsbereich. Das Gesetz gilt für Informationen über die Umwelt, 1. die bei den in § 3 Abs. 1 bestimmten Behörden des Bundes, der Länder, der Gemeinden und Gemeindeverbände sowie der sonstigen juristischen Personen des öffentlichen Rechts vorhanden sind, oder 2. die bei natürlichen oder juristischen Personen des privaten Rechts vorhanden sind, die öffentlich-rechtliche Aufgaben im Bereich des Umweltschutzes wahrnehmen und die der Aufsicht von Behörden unterstellt sind. § 3 des Gesetzes enthält Begriffsbestimmungen. Nach Abs. 1 ist Behörde jede Stelle i.S.d. § 1 Abs. 4 des Verwaltungsverfahrensgesetzes, die Aufgaben des Umweltschutzes wahrzunehmen hat. Hierzu gehören nicht 1. die obersten Bundes- und Landesbehörden, soweit sie im Rahmen der Gesetzgebung oder beim Erlaß von Rechtsverordnungen tätig werden, 2. Behörden, soweit sie Umweltbelange lediglich nach den für alle geltenden Rechtsvorschriften zu beachten haben, 3. Gerichte, Strafverfolgungs- und Disziplinarbehörden. Nach Abs. 2 sind Informationen über die Umwelt alle in Schrift, Bild oder auf sonstigen Informationsträgern vorliegenden Daten über 1. den Zustand der Gewässer, der Luft, des Bodens, der Tier- und Pflanzenwelt und der natürlichen Lebensräume, 2. Tätigkeiten, einschließlich solcher, von denen Belästigungen wie beispielweise Lärm ausgehen, oder Maßnahmen, die diesen Zustand beeinträchtigen oder beeinträchtigen können, und 3. Tätigkeiten oder Maßnahmen zum Schutze dieser Umweltbereiche einschließlich verwaltungstechnischer Maßnahmen und Programme zum Umweltschutz. Die wichtigste Aussage des Gesetzes enthält § 4, der den Anspruch auf Informationen über die Umwelt normiert. Nach Abs. 1 hat jeder Anspruch auf freien Zugang zu Informationen über die Umwelt, die bei einer Behörde oder einer Person des Privatrechts i.S.d. § 2 Nr. 2 vorhanden sind; die Behörde kann auf Antrag Auskunft erteilen, Akteneinsicht gewähren oder Informationsträger in sonstiger Weise zur Verfügung stellen. Nach Abs. 2 bleiben andere Ansprüche auf Zugang zu Informationen unberührt. Das Gesetz regelt im folgenden die Art der Antragstellung und die Bescheidung von Anträgen sowie den Ausschluß und Beschränkungen des Anspruchs zum Schutze öffentlicher Belange sowie zum Schutze privater Belange. Ferner regelt das Gesetz in § 11 einen außerordentlich wichtigen Tatbestand. § 11 verpflichtet die Bundesregierung zur Unterrichtung der Öffentlichkeit über die Umwelt. Die Unterrichtung hat in vierjährigem Abstand zu geschehen; der erste Bericht ist spätestens am 31. Dezember 1994 zu veröffentlichen.

Der Bericht über den Inhalt des Gesetzes v. 8. Juli 1994 zeigt, daß das Gesetz dem Bürger partiell mehr Rechte einräumt, als Art. 39 Abs. 7 der Verfassung für Brandenburg an Rechten für Bürger fordert. Nach § 2 Nr. 2 erfaßt das Gesetz auch Informationen, die bei natürlichen oder juristischen Personen des privaten Rechts vorhanden sind, wenn sie öffentlich-rechtliche Aufgaben im Bereich des Umweltschutzes wahrnehmen und der Aufsicht von Behörden unterstellt sind. Die Landesverfassung von Brandenburg verpflichtet diese Personen nicht, Auskünfte zu erteilen. Ferner ist der Informationsbegriff des Gesetzes v. 8. Juli 1994 weiter als derjenige der Landesverfassung. Nach § 3 Abs. 2 Nr. 2 betreffen Informationen i.S.d. Gesetzes auch Tätigkeiten, von denen Belästigungen wie beispielsweise Lärm ausgehen; es geht deshalb bei dem Gesetz v. 8. Juli 1994 nicht nur um Informationen betreffend Belastungen der natürlichen Umwelt, sondern auch um den Schutz des Menschen unmittelbar. Insoweit geht das Gesetz über das von der Verfassung für Brandenburg Geforderte hinaus.

Nach alledem besteht kein Anlaß mehr, ein eigenständiges Recht über den freien Zugang zu Informationen über die Umwelt in einem Allgemeinen Teil eines Landesumweltgesetzes für Brandenburg zu regeln. Aufgenommen werden sollte nach meinem Dafürhalten eine Norm, die darauf verweist, daß sich das Recht auf freien Zugang zu Informationen über die Umwelt nach dem Gesetz v. 8. Juli 1994 richtet.

Aufgenommen werden sollte in diesem Zusammenhang in den Allgemeinen Teil des Landesumweltgesetzes, daß die Landesregierung von Brandenburg verpflichtet ist, in einem bestimmten Abstand die Öffentlichkeit über den Zustand der Umwelt in Brandenburg zu unterrichten. Der Abstand sollte geringer sein als der vierjährige, den § 11 des Gesetzes v. 8. Juli 1994 vorsieht. Der Abstand sollte schon deshalb geringer als ein vierjähriger sein, um den Bürgerinnen und Bürgern von Brandenburg zu demonstrieren, welche Maßnahmen das Land vorgenommen oder eingeleitet hat, die zugunsten des Umweltschutzes wirken.

k) Zehntes Kapitel: Rechtsetzung und Regelsetzung

Das UGB-AT befaßt sich in den §§ 145-162 mit Rechtsverordnungen, Verwaltungsvorschriften und technischen Regelwerken. Die Aussagen des Entwurfs behandeln die Frage, was Gegenstand von Rechtsverordnungen, Verwaltungsvorschriften und technischen Regelwerken ist, wer die Rechtsverordnungen erläßt und wer bei ihrem Erlaß zu beteiligen ist, sowie, daß diese Rechtsverordnungen periodisch zu überprüfen sind. Das gleiche ist geregelt für Verwaltungsvorschriften. § 161 beinhaltet eine Vermutungswirkung von technischen Regelwerken.

Soweit es landesrechtlich erforderlich ist, Grenzwerte und ähnliche Aussagen zu regeln, bietet es sich an, dieses in einer Rechtsverordnung oder in einer Verwaltungsvorschrift zu tun; welches Instrument gewählt wird, bleibt zu überlegen. Eine Festlegung von Grenzwerten fehlt z.Zt. für den Boden; daß der Bund in naher Zukunft eine TA-Boden erlassen wird, ist nicht in Sicht. Solange ein Bodenschutzgesetz des Bundes fehlt und Landesrecht bodenschützende Vorschriften enthält, ist daran zu denken, eine für das Land Brandenburg geltende TA-Boden zu erlassen, um die gegenwärtige Rechtsunsicherheit zu beenden, die darüber besteht, welche Grenzwerte Bedeutung besitzen.

In diesem Zusammenhang ist eine Aussage darüber zu treffen, wer für den Erlaß einer Rechtsverordnung zuständig ist, die nach den Aussagen des Besonderen Teils eines Landesumweltgesetzes für Brandenburg notwendig verabschiedet werden muß. Zu denken ist an Rechtsverordnungen der Landesregierung; an Rechtsverordnungen, die der Minister für Umwelt im Einvernehmen oder im Benehmen mit einem anderen Minister erläßt; sowie an Rechtsverordnungen, die er ohne Mitwirkung anderer Ministerien in Kraft setzen kann. Diese drei Fälle sind zu unterscheiden; es sollte geregelt werden, welchem Fall welche Rechtsverordnung zuzuordnen ist. Im Besonderen Teil wäre nur noch zu regeln, daß das Rechtsinstrument zur Erfüllung einer Rechtspflicht die Rechtsverordnung ist. Der damit verbundene, das Gesetz insgesamt verkürzende Effekt ist unmittelbar einsichtig. Ob § 5 Abs. 2 LOG in der gegenwärtigen Fassung erhalten oder im Bereich des Umweltrechts durch eine definitive Regelung aus Gründen der Vermeidung von Zuständigkeitskonflikten geändert werden sollte, bleibt zu überlegen.

In diesen Zusammenhang gehört ferner eine Aussage, die diejenigen Rechtsverordnungen betrifft, deren Erlaß an eine andere Stelle delegiert wird. Außerdem ist das Recht des Erlasses ordnungsbehördlicher Verordnungen zu regeln; zugleich sind die Fälle zu bestimmen, die durch eine ordnungsbehördliche Verordnung normiert werden.

l) Elftes Kapitel: Organisation und Zuständigkeiten

Das UGB-AT enthält ab § 163 Aussagen über Zuständigkeiten, die Errichtung des Umweltbundesamtes, des Bundesamtes für Strahlenschutz sowie des Bundesamtes für Naturschutz und weist ihnen bestimmte Aufgaben zu. Ferner behandelt § 168 den Rat von Sachverständigen für Umweltfragen.

Parallel zu diesen Regelungen sind in einem Allgemeinen Teil des Landesumweltgesetzes für Brandenburg Regelungen darüber zu treffen, welche Behörden im Bereich des Umweltschutzes tätig sind und welche Aufgaben sie zu erfüllen haben. Es ist das gesamte Umweltorganisationsrecht abzuhandeln. Die Regelungen müssen derart beschaffen sein, daß unmittelbar die Zuständigkeit einer Behörde für eine Sachfrage erkannt werden kann. Ferner ist festzulegen, welche Behörden bei Entscheidungen anderer Behörden welche Art von Mitwirkungsrechten besitzen. Im Ergebnis muß so genau wie möglich definiert sein, wann wer für welche Aufgabe zuständig ist und wer bei der Erfüllung einer Aufgabe in welcher Form mitwirken kann. Eine Regelung dieser Qualität verhindert innerbehördliche und zwischenbehördliche Kompetenzkonflikte und läßt die Bürgerinnen und Bürger nicht vor einem Behördenwirrwarr verzweifeln. Ferner entfällt für faule oder entscheidungsunfähige Behördenmitarbeiter die Möglichkeit, sich auf der Grundlage unklarer Zuständigkeitsregeln für unzuständig zu erklären und damit einen die Lösung des Sachproblems verzögernden Streit über Zuständigkeiten zu inszenieren. Die Ausrede der Unzuständigkeit zu verunmöglichen, ist ein wichtiges Anliegen gesetzlicher Aussagen.

In dieses Kapitel gehören Vorschriften über Beiräte oder Ausschüsse. Das brandenburgische Umweltrecht kennt den Ausschuß für Immissionsschutz, den Naturschutzhelfer, Naturschutzbeauftragte, Naturschutzbeiräte und den Ausschuß für Braunkohle. Das diese Institutionen betreffende gemeinsame Recht - Zusammensetzung, Anforderungen an die Mitglieder, Bestellung der Mitglieder, Sitzungen, Aufgaben und Rechte, Entschädigung der Mitglieder usw. - wäre zusammenzufassen; in den Regelungen des Besonderen Teils könnte auf dieses Recht bei einer Aussage darüber, welche Beiräte und Ausschüsse es gibt, verwiesen werden.

Zu diskutieren ist das Problem der Einführung eines Ombudsmannes für Umweltschutz[134]. Seine Funktion besteht darin, als unabhängiger und weisungsungebundener Fachmann die im Umweltschutz tätige Verwaltung im Interesse des Umweltschutzes zu kontrollieren unter dem Aspekt der Einhaltung des objektiven Rechts. Der Ombudsmann hätte also nicht Beratungs- oder Unterstützungsfunktion, er hätte insbesondere keine Entscheidungsfunktion (letzteres ist unvereinbar mit der Idee des Ombudsmannes), sondern ausschließlich eine Kontrollfunktion. Eine Institution mit dieser Funktion kennt das Landesrecht von Brandenburg ebenso wie das Landesrecht der anderen

---

[134] Zum Problem s. *Schomerus*, Ein Ombudsmann mit Klagebefugnis statt Verbandsklage im Naturschutzrecht?, Natur und Recht 1989, S. 171 ff.

Bundesländer bislang nicht. Es gibt freilich eine der Institution eines Ombudsmannes vergleichbare Institution im Asylrecht in Gestalt des Bundesbeauftragten für Asylangelegenheiten nach § 5 AsylVfG.

Ob es einen Ombudsmann im Bereich des Umweltschutzes geben soll, hängt von den Rechten ab, die er besitzen soll. Zwingend ist es, ihn mit Kontrollrechten auszustatten; wie weit diese Kontrollrechte reichen, ist eine Frage des Einzelfalls. M.E. ist die Einführung der Institution eines Ombudsmannes nur sinnvoll, wenn er neben dem Kontrollrecht auch ein selbständiges Klagerecht besitzt - Kontrolle ohne gerichtliche Verfolgbarkeit der Fehler, die die Kontrolle aufgedeckt hat, erscheint mir sinnlos. Der Ombudsmann würde mit diesen Aufgaben eine Lücke im Rechtsschutz schließen, die als Folge der in § 42 Abs. 2 VwGO normierten Verletztenklage in der Regel besteht. Diese Lücke existiert für Brandenburg jedoch nicht. Die Naturschutzverbände besitzen auf allen Gebieten des Umweltschutzes das Recht der Verbandsklage. Es ist also nicht ersichtlich, daß das Klagerecht des Ombudsmannes einen über das Klagerecht der Naturschutzverbände hinausgehenden Beitrag zur Einhaltung des objektiven Umweltschutzrechts leisten könnte. In der Literatur ist erarbeitet worden, daß der Ombudsmann mit Klagebefugnis eine mögliche Alternative zur Verbandsklage im Naturschutzrecht sei[135]. Diese Alternative ist im Lande Brandenburg nicht mehr offen. Neben den Naturschutzverbänden zusätzlich den Ombudsmann mit Klagebefugnis zu etablieren, erscheint deshalb nicht sinnvoll. Eine bislang nicht wahrgenommene oder vernachlässigte Aufgabe erfüllt er nicht. M.E. sollte von seiner gesetzlichen Einführung abgesehen werden.

2. Inhalte des "Besonderen Teils"

Inhalte des Besonderen Teils eines Landesumweltgesetzes für Brandenburg müssen in jedem Fall diejenigen Materien werden, die zum Umweltrecht i.e.S. zählen und die das Land regeln kann (und in isolierten Gesetzen auch schon geregelt hat): also das Naturschutzrecht, das Wasserrecht, das Bodenrecht, das Luftreinhalterecht und das Abfallrecht. Wie schon hervorgehoben, besitzt das Land für das Atomrecht, das Recht der Gefahrstoffe und das Gentechnikrecht praktisch keine Regelungskompetenz, weil der Bund diese der konkurrierenden Gesetzgebung zugehörenden Bereiche abschließend geregelt hat und die vorhandenen Regelungen nach Art. 72 Abs. 1 GG für alle Länder Sperrwirkungen entfalten. Zum Klimaschutzrecht sind im folgenden noch Überlegungen anzustellen.

---

135 S. *Schomerus*, ebenda.

Für die Reihung der Materie bietet sich die Gliederung des UGB-BT an: Naturschutz- und Landschaftspflege, Gewässerschutz und Wasserwirtschaft, Bodenschutz, Immissionsschutz, Abfallwirtschaft und Abfallentsorgung. Das Kapitel Klimaschutz sollte zwischen dem Immissionsschutz und dem Abfallrecht eingeordnet werden wegen seiner sachlichen Nähe zur Luftreinhaltung. Die Reihung ist nicht an der "Wichtigkeit" der einzelnen Bereiche orientiert, weil alle Bereiche des Umweltschutzes gleich wichtig sind, sondern an folgenden Erwägungen: Das Naturschutzrecht geht wegen seines medien- und stoffübergreifenden Ansatzes vor; es folgt das medial orientierte Umweltrecht vor dem Recht der gefährlichen Stoffe, wobei diese Reihenfolge wegen der größeren Wirkung des medialen vor dem stofflichen Umweltschutz gewählt ist; die Reihenfolge innerhalb der Gruppen "Medien" und "Stoffe" erfolgt nach ihrem Schutzbedürfnis bzw. der Gefährlichkeit.

Da bislang ein Bodenschutzgesetz für Brandenburg fehlt (von den Aussagen zur Altlastensanierung im Abfallrecht abgesehen) und zum Immissionsschutz lediglich ein Vorschaltgesetz vorhanden ist (welches mir aber wie ein "Vollgesetz" erscheint), sollen zu diesen Materien ebenso wie zum Klimaschutz Erwägungen über deren Inhalt angestellt werden.

a) Bodenschutzrecht

Zum Bodenschutz liegen bislang folgende Gesetze bzw. Gesetzentwürfe vor: ein Gesetz zum Schutz des Bodens als Landesgesetz für Baden-Württemberg[136], die §§ 8-12 des Ersten Gesetzes zur Abfallwirtschaft und zum Bodenschutz im Freistaat Sachsen[137], das Kapitel Bodenschutz im UGB-BT[138] und der Referentenentwurf eines Bundes-Bodenschutzgesetzes v. 7.2.1994[139].

Da bislang bundesgesetzliche Vorgaben für den Bodenschutz fehlen, stellt sich ein Konkurrenzproblem zwischen Bundes- und Landesrecht nicht. Diese Situation änderte sich, wenn ein Bundes-Bodenschutzgesetz erlassen würde.

---

136 Gesetz zum Schutz des Bodens (Bodenschutzgesetz - BodSchG) v. 24.6.1991, GVBl. S. 434. Vorstellung des Gesetzes durch *Ziegler*, NVwZ 1991, S. 1154 ff.; Kommentierung durch *Spilok*.

137 Sächs. GVBl. S. 306.

138 §§ 283-313 UGB-BT.

139 Veröffentlicht in: Deutscher Juristentag, Gutachten zum 60. Deutschen Juristentag, S. B 5 ff.

Der Regelungsspielraum des Landes hinge dann von der Reichweite der Regelungen dieses Gesetzes ab; sollte der Entwurf eines Bundes-Bodenschutzgesetzes Wirksamkeit erlangen, stellte sich die Situation folgendermaßen dar: Das Gesetz enthielte partiell verbindliche Normen, partiell Rahmenrecht[140]. Die Handlungsmöglichkeiten des Landes wären genau zu erarbeiten. - Auf diese Situation ist an dieser Stelle nicht einzugehen, weil eine verbindliche Vorgabe fehlt. Ausgangspunkt für die folgenden Überlegungen muß die z.Zt. vorhandene Rechtslage sein. Diese kennzeichnet ein Fehlen bundesgesetzlicher Vorgaben.

Es ist zu analysieren, ob die vorhandenen landesrechtlichen Normen in Sachsen und Baden-Württemberg Vorbild für ein Kapitel Bodenschutz eines Landesumweltgesetzes für Brandenburg sein können.

Nach dem schon erwähnten sächsischen Gesetz sind dessen §§ 8-12 einschlägig. In § 8 Abs. 1 expliziert das Gesetz den Begriff "Boden". Es regelt in § 8 Abs. 2, 3 die "Bodenbelastung". Es versteht unter einer "Bodenbelastung" Veränderungen der Beschaffenheit des Bodens, insbesondere durch stoffliche Einwirkungen, bei denen die Besorgnis besteht, daß die Funktion des Bodens als Naturkörper oder als Lebensgrundlage für Menschen, Tiere und Pflanzen erheblich oder nachteilig beeinträchtigt wird. Das Gesetz befaßt sich sodann in § 9 mit Maßnahmen des Bodenschutzes. Zum Schutze des Bodens kann die zuständige Behörde insbesondere 1. Untersuchungs- und Sicherungsmaßnahmen anordnen, 2. die Erstellung von Sanierungsplänen verlangen, 3. Maßnahmen zur Beseitigung, Verminderung und Überwachung einer Bodenbelastung anordnen, 4. Maßnahmen zur Verhütung, Verhinderung oder Beseitigung von Beeinträchtigungen des Wohls der Allgemeinheit, die durch eine Bodenbelastung hervorgerufen werden, anordnen, 5. bestimmte Arten der Bodennutzung und den Einsatz bestimmter Stoffe bei der Bodennutzung verbieten oder beschränken. Ferner kann die zuständige Behörde zum Schutz oder zur Sanierung des Bodens oder aus Gründen der Vorsorge für die menschliche Gesundheit oder zur Vorsorge gegen erhebliche Beeinträchtigungen des Naturhaushalts durch Rechtsverordnung Bodenbelastungsgebiete festlegen für Flächen, auf denen erhebliche Bodenbelastungen festgestellt werden; in der Rechtsverordnung sind der räumliche Bereich festzulegen und die erforderlichen Verbote, Beschränkungen und Schutzmaßnahmen zu bestimmen. § 10 bestimmt die Verpflichteten. Zur Durchführung von angeordneten Maßnahmen sind verpflichtet 1. der Verursacher, 2. der Grundstückseigen-

---

[140] Entsprechend dem zuvor nachgewiesenen Referentenentwurf eines Bundes-Bodenschutzgesetzes.

tümer und der Inhaber der tatsächlichen Gewalt über ein Grundstück. Die zuständige Behörde entscheidet nach pflichtgemäßem Ermessen. Abs. 2 regelt den Selbsteintritt der zuständigen Behörde. Den Fall des Bekanntwerdens von Bodenbelastungen regelt Abs. 3. Abs. 4 normiert weitere Pflichten der Verpflichteten. Sie haben der zuständigen Behörde und deren Beauftragten zur Wahrnehmung der Aufgaben u.a. das Betreten von Grundstücken zu gestatten. Abs. 5 regelt Kostentragungsrecht. Die Kosten für Maßnahmen trägt der Verpflichtete. Kosten für Maßnahmen sowie für sonstige Untersuchungen können dem Verpflichteten auferlegt werden, soweit sie zur Feststellung einer Bodenbelastung geführt haben. Mehrere Verpflichtete haften als Gesamtschuldner. § 11 regelt die geologische Landesaufnahme. § 12 normiert die Überwachung.

Diese Vorschriften können höchstens partiell Vorbild für ein Landesumweltgesetz für Brandenburg sein. Sie bleiben beispielsweise hinter dem Bodenschutzgesetz des Landes Baden-Württemberg zurück. Wenn aber ein Bodenschutzgesetz erlassen wird, sollte dieses alle vorhandenen und vorhersehbaren Bodenbelastungen reflektieren. Dieser Anspruch kann für das sächsische Recht nicht festgestellt werden.

Die Grundzüge des baden-württembergischen Gesetzes sind folgende: § 1 normiert den Zweck des Gesetzes; es geht im wesentlichen darum, den Boden als Naturkörper und Lebensgrundlage für Menschen und Tiere, insbesondere in seinen Funktionen als Lebensraum für Bodenorganismen, als Standort für die natürliche Vegetation und Standort für Kulturpflanzen, als Ausgleichskörper im Wasserkreislauf, als Filter und Puffer für Schadstoffe sowie als landschaftsgeschichtliche Urkunde zu erhalten, vor Belastungen zu schützen, eingetretene Belastungen zu beseitigen und ihre Auswirkungen auf den Mensch und die Umwelt zu vermindern oder zu verhindern. § 2 enthält Begriffsbestimmungen; Abs. 1 definiert den Boden als die oberste überbaute und nicht überbaute Schicht der festen Erdkruste einschließlich des Grundes fließender und stehender Gewässer, soweit sie durch menschliche Aktivitäten beeinflußt werden kann; Abs. 2 definiert Bodenbelastungen als Veränderungen der physikalischen, chemischen oder biologischen Beschaffenheit des Bodens, bei denen die Besorgnis besteht, daß die in § 1 genannten Funktionen aufgehoben oder erheblich oder nachteilig beeinträchtigt werden. § 3 normiert den Vorrang anderer Rechtsvorschriften. § 4 formuliert die Verpflichtung zum Bodenschutz; Abs. 1 enthält eine Generalklausel, ihr entsprechend hat sich jeder so zu verhalten, daß Bodenbelastungen auf das nach den Umständen unvermeidbare Maß beschränkt werden; Abs. 2 bezieht sich auf die Planung und Ausführung von Baumaßnahmen. § 5 regelt die Aufgaben der Behörden und Planungsträger. § 6 stellt fest, daß die Bodenschutzbehörde einzuschalten ist bei einem Vorhaben, welches zu Bodenbelastungen führen kann. § 7 regelt die Mitwirkungspflichten von Grundstückseigentümern und den Inhaber der tatsächlichen Gewalt über ein Grundstück. Sie müssen eine Bodenbelastung, bei der Gefahren für das Leben oder für die Gesundheit von Menschen oder für bedeutende Sachwerte oder erhebliche Beeinträchtigungen des Naturhaushalts nicht ausgeschlossen werden können, oder den Verdacht auf eine solche Bodenbelastung unverzüglich der Bodenschutzbehörde oder den technischen Fachbehörden mitteilen; dieselben Personen haben gem. Abs. 2 der Bodenschutzbehörde und der technischen Fachbehörde alle Auskünfte zu erteilen und die Unterlagen vorzulegen, die diese zur Erfüllung der Aufgaben nach dem Bodenschutzgesetz benötigen; ein Zutrittsrecht zu Grundstücken und Wohnungen wird gem. Abs. 3 eingeräumt. § 8 regelt die Aufgaben der Bodenschutzbehörden und der technischen Fachbehörden; diese haben gem. Abs. 1 darüber zu wachen, daß die Vorschriften des Gesetzes eingehalten und auferlegte Verpflichtungen erfüllt werden; sie haben die Aufgabe der Abwehr von Gefahren, die von Bodenbelastungen ausgehen; Abs. 2 räumt ihnen ein pflichtgemäßes Ermessen ein. § 9 regelt die Maßnahmen zum Schutz und zur Sanierung des Bodens; insbesondere können Untersuchungsmaßnahmen angeordnet werden, es kann eine Verminderung der Bodenbelastung durch geeignete Maßnahmen verlangt werden, soweit die Sanierung technisch nicht möglich ist. Es können bestimmte Arten der Bodennutzung und der Einsatz bestimmter Stoffe verboten oder beschränkt, es kann die Erstellung eines Sanierungsplans verlangt werden, es können dann, wenn die Beseitigung der Bodenbelastung nicht möglich oder unzumutbar ist, die zur Überwachung und Sicherung erforderlichen Maßnahmen angeordnet werden. § 10 enthält Aussagen über die Verpflichteten; gem. Abs. 1 ist zur Duldung oder Erfüllung von Anordnungen verpflichtet der Verursacher oder derjenige, der aufgrund gesetzlicher Vorschriften für das Verhalten des Verursachers einzustehen hat, sowie der Grundstückseigentümer und der Inhaber der tatsächlichen Gewalt über ein Grundstück; die Auswahl bei der Heranziehung von Verpflichteten liegt im pflichtgemäßen Ermessen der zuständigen Behörde; es sind unbillige Härten zu vermeiden; Abs. 2 regelt den Selbsteintritt der Behörde, wenn nach Abs. 1 Verpflichtete nicht oder nicht rechtzeitig herangezogen werden können; Abs. 3 enthält eine Kostentragungsregelung. § 11 formuliert spezielle Vorschriften für die Landwirtschaft; die Bodenfruchtbarkeit und die Leistungsfähigkeit des Bodens als natürliche Ressourcen sind durch standortgerechte Bewirtschaftungsmaßnahmen nachhaltig zu sichern, dieser Grundsatz wird im einzelnen ausdifferenziert; Abs. 2 räumt der Bodenschutzbehörde ein Recht zur Anordnung von Maßnahmen ein, die zur Erfüllung der in Abs. 1 genannten Anforderungen erforderlich sind. § 12 richtet sich an die Forstwirtschaft und stellt fest, daß für die Waldbewirtschaftung die Vorschriften des

Landeswaldgesetzes gelten. Die §§ 13 und 14 befassen sich mit der Festsetzung von Bodenbelastungsgebieten; durch Rechtsverordnung können zur Sanierung des Bodens und aus Gründen der Vorsorge für die menschliche Gesundheit oder zur Vorsorge gegen erhebliche Beeinträchtigungen des Naturhaushalts Bodenbelastungsgebiete festgesetzt werden; den Gegenstand der Rechtsverordnung sowie die erforderlichen Verbote, Beschränkungen und Schutzmaßnahmen regelt Abs. 2; § 14 normiert die Zuständigkeit und das Verfahren für den Erlaß der Rechtsverordnung. Die §§ 15-18 regeln die Erfassung und Überwachung der Bodenbeschaffenheit; geregelt wird die Einrichtung eines Bodenzustandskatasters, die Einrichtung von Dauerbeobachtungsflächen, die Errichtung einer Bodenprobenbank sowie einer Bodendatenbank. § 19 erlaubt den Erlaß von Verwaltungsvorschriften insbesondere über die Probeentnahme und -aufbereitung, Analyseverfahren, Belastungswerte, bei deren Überschreitung von einer Bodenbelastung auszugehen ist, Art und Ausmaß der Maßnahmen zur Beseitigung oder Verminderung von Bodenbelastungen sowie nähere Anforderungen für die landwirtschaftliche Bodenbewirtschaftung. Ab § 20 folgen Schlußvorschriften; geregelt werden die Zuständigkeit, die Einrichtung einer Bodenschutzkommission, Ordnungswidrigkeiten sowie die Änderung von Gesetzen und das Inkrafttreten des Gesetzes.

Dieses Gesetz enthält kein Altlastensanierungsrecht. Insoweit sollte ihm eine Vorbildfunktion für ein Landesumweltgesetz für Brandenburg abgesprochen werden. Ein vollständiges Bodenschutzrecht muß Regelungen über den qualitativen und quantitativen Bodenschutz sowie ein Bodensanierungsrecht sowohl für großflächige Bodenverschmutzungen als auch für Altlasten enthalten[141]. Es ist aber darauf hinzuweisen, daß einiges aus diesem Recht, z.B. Aussagen über die landwirtschaftliche Bodennutzung sowie über die Bodenschutzgebiete, problemlos in ein Landesumweltgesetz für Brandenburg einfließen kann.

Der Entwurf eines Bundes-Bodenschutzgesetzes sieht sich heftiger Kritik ausgesetzt[142]. Auf dem Deutschen Juristentag Ende September 1994 haben seine Bestimmungen zur Altlastensanierung weitgehend Ablehnung erfahren.

---

141 S. *Peine*, in: UGB-BT, S. 557.

142 Aus der jüngst veröffentlichten Literatur s. *Erbguth/Stollmann*, Zum Stand des Bodenschutzrechts - dargestellt unter Berücksichtigung der Altlastenproblematik, Natur und Recht 1994, S. 319 ff.; *Lindemann/Eickhoff*, Kommt ein bundeseinheitliches Altlastensanierungsrecht, Natur und Recht 1994, S. 330 ff.

Stellungnahmen zum Entwurf erfolgten im wesentlichen in der Diskussion.[143] Soweit in diesem Zusammenhang bedeutsam, hat Verfasser ausgeführt:[144]

"Wann ist ein Altlastensanierungsrecht vollständig? Ein komplettes Altlastensanierungsrecht muß folgende sechs Gegenstände regeln:

- eine Altlastendefinition,
- ein Gefahrerforschungsrecht,
- das Recht der katastermäßigen Erfassung von Altlasten,
- eine Ermächtigungsgrundlage für das Aussprechen von Sanierungspflichten als solchen und den Umfang der vorzunehmenden Sanie-rung,
- eine Regelung des zur Sanierung Verpflichteten, also die sog. Störerauswahl, die Kostentragung und Grenzen der Haftung,
- eine Regelung betreffend die Person des zur Sanierung Verpflichteten und die Finanzierung der Sanierung, wenn Private als Sanierungspflichtige ausfallen, weil sie nicht mehr existieren oder die Sanierungskosten nicht auf-bringen können.

Für die heutige Situation ist kennzeichnend, daß in den einzelnen Bundesländern unterschiedliches Altlastenrecht existiert. Diese Situation ist unbefriedigend. Eine bundeseinheitliche Lösung ist gefragt. Der Bund ist für die Lieferung einer Antwort kompetent. Die Antwort des Bundes sollte möglichst vollständig sein; es sollte den Ländern wenig Regelungsspielraum für eigene Lösungen verbleiben, mit denen sie Lücken im Altlastenrecht des Bundes ausfüllen. Der Grund dafür ist einfach: Je mehr Lücken im Bundesrecht existieren, desto unterschiedlicher könnte das Landesrecht ausfallen. Damit könnte die unbefriedigende, jetzt zu beobachtende Ausgangssituation erhalten bleiben. Sinn eines Bundesgesetzes kann es aber nicht sein, die vorhandene unbefriedigende Situation fortzusetzen.

Entsprechend dem eben vorgestellten Themenkatalog möchte ich zu den einzelnen Regelungen des Bundes Stellung nehmen.

(1) Zur Definition des Altlastenbegriffs: Die in § 4 Nr. 2 und 3 enthaltenen Definitionen sind defizitär. Es fehlt die Einbeziehung von Grundstücken öffentlicher Einrichtungen. Insoweit bleibt der Entwurf beispielsweise hinter der

143 Verhandlungen des 60. Deutschen Juristentages, Bd. II/2, S. L 106 ff.

144 Ebenda, S. L 107 ff.

Definition des Landes Nordrhein-Westfalen zurück. Es gibt nach diesem Entwurf z.B. keine Sanierungspflicht für die sog. militärischen Altlasten. Damit bleiben der Bund oder die Länder, soweit sie Truppenübungsplätze übernommen haben, von einer Sanierungspflicht befreit. Ob sie sanieren, ist in ihr Belieben gestellt. Zwar gibt es kraft der materiellen Polizeipflicht bereits jetzt und gab es schon immer eine Pflicht zur Gefahrenbeseitigung, ohne dazu kraft einer behördlichen Verfügung aufgefordert zu sein; diese Verpflichtung wird in der Praxis freilich nur selten gesehen und erfüllt. Die aufgezeigte Lücke kann durch Landesrecht nur insoweit gefüllt werden, als öffentliche Einrichtungen der Länder selbst betroffen sind. Pflichten, die den Bund betreffen, dürfen die Länder nicht regeln[145]. Es darf aber nicht sein, daß der Bund sich in einem so wichtigen Bereich wie dem Bodenschutz völlig aus der auch ihn zumindest moralisch treffenden Verantwortung heraushält.

(2) Das Gefahrerforschungsrecht: Der Entwurf enthält eine sehr detaillierte Regelung des Problems. Sie findet sich in § 17 i.V.m. § 12. Untersuchungen altlastverdächtiger Flächen muß nach § 17 Abs. 2 i.V.m. § 12 entweder der Verursacher sowie dessen Gesamtrechtsnachfolger, der Grundstückseigentümer oder der Inhaber der tatsächlichen Gewalt über ein Grundstück durchführen; diese Personen können verpflichtet werden, Sachverständige mit dieser Untersuchung zu beauftragen. Die zuständige Behörde untersucht niemals selbst. Ausgeschlossen ist natürlich nicht, daß eine Behörde auf der Grundlage von § 24 VwVfG von Amts wegen ermittelt. Dieses Recht bleibt hinter Landesrecht, z.B. dem hessischen, zurück; nach hessischem Recht kann auch die Behörde selbst untersuchen. - Kostentragungspflichtig ist der zur Untersuchung Verpflichtete nach § 25 Abs. 1. Wenn ich den Entwurf richtig verstehe, tritt die Kostentragungspflicht auch dann ein, wenn der Verdacht sich als unbegründet erweist. Insoweit geht der Entwurf über das geltende Polizeirecht hinaus.

Die eben genannten Personen können zur Untersuchung nur dann verpflichtet werden, wenn aufgrund konkreter Anhaltspunkte der hinreichende Ver-

---

[145] Zur Erläuterung ist hinzuzufügen, daß die Regelungsmöglichkeit der Länder natürlich nur dann entfällt, wenn sie in die hoheitliche Aufgabenerfüllung des Bundes eingreift; das dürfte bei Truppenübungsplätzen der Fall sein, weil während der Sanierung sie als Truppenübungsplätze funktionell ausfallen. Zum Problem Polizei gegen "Hoheitsträger" z.B. *Gusy*, Polizeirecht, Rn. 133 ff.; Rn. 137: Polizeiliche Anordnungen, die in den öffentlich-rechtlichen Wirkungskreis anderer Hoheitsträger eingreifen, sind unzulässig. Die Polizei hat nicht das Recht, einer anderen Behörde die Ausübung ihrer öffentlich-rechtlichen Aufgabe zu untersagen oder sie an einer bestimmten Art und Weise ihrer Aufgabenerfüllung zu hindern.

dacht einer schädlichen Bodenveränderung besteht. Konkrete Anhaltspunkte und hinreichender Verdacht sind die Stichworte. Ungeregelt ist der Gefahrerforschungseingriff unterhalb dieser Schwelle. Es fehlt insbesondere eine Aussage, die den Verdachtsstörer von der Kostentragung freistellt, wenn sich der Gefahrverdacht als unbegründet herausstellt.

(3) Katastermäßige Erfassung von Altlasten: Nach § 17 des Entwurfs trifft die zuständige Behörde die erforderlichen Maßnahmen zur Erfassung von altlastverdächtigen Flächen. Wie die Erfassung erfolgt, bleibt ungeregelt. Das vorhandene Landesrecht sieht teilweise vor, daß ein Altlastenkataster anzulegen ist. Diesem Beispiel sollte der Bund folgen[146].

(4) Ermächtigungsgrundlage für das Aussprechen von Sanierungspflichten, Umfang der vorzunehmenden Sanierung: Nach § 18 Abs. 1 besteht eine unbedingte Rechtspflicht der Polizeipflichtigen, Altlasten so zu sanieren, daß dauerhaft keine Gefahren, erheblichen Nachteile oder erhebliche Belästigungen für den einzelnen oder die Allgemeinheit bestehen. An der Tatsache, daß eine Ermächtigungsgrundlage für die Sanierungspflicht besteht, kann Kritik nicht geübt werden. Kritik ist aber zu üben mit Blick auf den Umfang der Sanierung. Ungeregelt bleibt eine Rekultivierungspflicht. Maßnahmen zur Wiedereingliederung eines sanierten Grundstücks in Natur und Landschaft können deshalb nicht gefordert werden. Insoweit bleibt der Entwurf hinter Landesrecht zurück und ermöglicht den Ländern insoweit unterschiedliche Regelungen. Rekultivierungsmaßnahmen sind teuer; auf diesen Umstand muß nicht besonders hingewiesen werden. Folge der jetzigen Regelung kann also sein, daß in Abhängigkeit von den Regelungen der jeweiligen Bundesländer auf einen Sanierungspflichtigen unterschiedliche Kosten zukommen können; das kann im wirtschaftlichen Leben Wettbewerbsverzerrungen zur Folge haben[147].

(5) Die Störerauswahl, die Kostentragung und die Grenzen der Haftung: Eine Reihenfolge mit Blick auf das Heranziehen von Sanierungsverantwortlichen kennt der Entwurf nicht. Insoweit entspricht er allgemeinem und beson-

---

146 Eine Regelung dieses Problems im Bundesrecht wäre nicht notwendig, wenn die Länder insoweit eigenes Recht hätten. Diese Feststellung kann nicht getroffen werden. An sich sollte es Sache der Länder sein, wie sie die Frage der katastermäßigen Erfassung von Altlasten lösen. Um aber zu vermeiden, daß eine Lösung vollkommen fehlt, ist die dargelegte Forderung an das Bundesrecht erhoben worden.

147 Zur Rückwirkung in diesem Zusammenhang s. *Peine*, Zur Problematik "rückwirkender Gesetze" im Altlastensanierungsrecht, NVwZ 1993, S. 958 ff.

derem Landesrecht. M.E. sollte es unbedingt eine Rangfolge bei der Heranziehung der verschiedenen Störer geben. Zumindest sollte der Handlungsstörer vor dem Zustandsstörer haften. Der sog. Professorenentwurf trifft dazu detaillierte Aussagen, auf die ich verweise.

Nach dem Entwurf trägt der Herangezogene immer die Kosten. Auch der unschuldige Käufer haftet nach § 25 Abs. 4. Insoweit bleibt der Entwurf hinter dem hessischen Recht zurück. Nach hessischem Recht entfällt die Haftung auch dann, wenn der Verantwortliche zum Zeitpunkt des Entstehens der Verunreinigung darauf vertraut hat, daß eine Beeinträchtigung der Umwelt nicht entstehen könne, und wenn dieses Vertrauen unter Berücksichtigung der Umstände des Einzelfalles schutzwürdig ist. Dieses ist nach meiner Einschätzung der Fall, wenn sich die von einer Altlast ausgehende Gefahr erst nach heutiger naturwissenschaftlicher Erkenntnis als eine Gefahr darstellt. Insoweit reagiert der hessische Entwurf auf einen Haftungsausschluß, der nach meinem Dafürhalten zu Recht in der Literatur angemahnt wurde. Diese Anregung der Literatur nimmt der Entwurf des Bundesgesetzes nicht auf. Er bleibt also hinter hessischem Recht zurück.

Eine Haftungsbeschränkung kennt der Entwurf in § 25 Abs. 4 für den unschuldigen Grundstückseigentümer insoweit, als er nur bis zur Höhe des Verkehrswerts des sanierten Grundstücks haftet. Stichwort im Entwurf ist der privatnützige Gebrauch. M.E. ist diese Regelung wenig vorteilhaft, weil sie zu einer Beschränkung des Grundstücksverkehrs führen wird. Niemand wird ein Grundstück kaufen, wenn er anschließend mit Sanierungskosten in Höhe des Verkehrswerts des gesäuberten Grundstücks überzogen werden kann. Denn zum Kaufpreis kommen diese Kosten hinzu. Der Grundstückskäufer hat deshalb wenigstens mit einer Kostenverdoppelung zu rechnen. Ein solches Risiko wird niemand eingehen wollen. Gegen diese Annahme kann nicht eingewandt werden, im Kaufvertrag könne eine Haftung des Verkäufers für Sanierungskosten vereinbart oder ein Abschlag vom Kaufpreis vorgenommen werden. Es ist fraglich, ob diese Vereinbarungen sich immer durchsetzen lassen; ferner ist mit der Illiquidität des Verkäufers zu rechnen. Ein wirksamer Schutz des gutgläubigen Käufers ist nur durch einen Haftungsausschluß zu erreichen.

(6) Sanierungspflicht bei Entfallen eines privaten Sanierers: Einen großen Mangel des Entwurfs sehe ich darin, daß Regelungen fehlen, die bei Wegfallen eines privaten Sanierers die öffentliche Hand in die Pflicht nehmen und festlegen, wie die Öffentliche Hand ihre Aufgabe finanziert. Insoweit gibt es in den Ländern unterschiedliche Modelle. Um aber insbesondere mit Blick auf die Wirtschaft differente Lösungen zu vermeiden, weil sie wettbewerbsverzer-

rend sein können, muß seitens des Bundes ein Finanzierungsmodell für die Sanierung durch die öffentliche Hand verbindlich festgeschrieben werden."

Das Kapitel Bodenschutz im UGB-BT hat Verf. erarbeitet. Ihm ist in der letzten Zeit häufig mitgeteilt worden, dieses Kapitel sei "gelungen"[148]. Es sei deshalb der Vorschlag gestattet, dieses Kapitel für das Kapitel Bodenschutz des Landesumweltgesetzes für Brandenburg zum Vorbild zu nehmen. Es müßte freilich teilweise umgearbeitet werden: zum einen mit Blick auf die land- und forstwirtschaftliche Bodennutzung, weil das Land nicht kompetent ist, das Aufbringen von Düngemitteln und Pflanzenschutzmitteln usw. zu regeln; zum anderen insoweit, als auf Normen des UGB-AT verwiesen wird - ob sich Entsprechendes im Allgemeinen Teil des Landesumweltgesetzes für Brandenburg finden wird, bleibt abzuwarten. Wenn es an Entsprechendem fehlen sollte, ist das Kapitel Bodenschutz zu einem "Vollrecht" auszuformulieren. Es sei nicht verschwiegen, daß das Bodenschutzrecht partiell schärfere Vorschriften enthalten könnte. Beispielsweise könnte die Bodenentsiegelungspflicht als eine für jedermann geltende Pflicht ausgestaltet werden[149]; ferner könnte das Kapitel ausführlichere Vorschriften über die land- und forstwirtschaftliche Bodennutzung enthalten, soweit der Landesgesetzgeber für den Regelungserlaß kompetent ist.

b) Immissionsschutzrecht

Für ein Landes-Immissionsschutzgesetz ergeben sich folgende Regelungsmöglichkeiten:

- mit Blick auf Anlagen i.S.d. § 3 Abs. 5 BImSchG Ergänzungen, die im Bundesgesetz enthaltene Lücken füllen, wenn solche Lücken vorhanden sein sollten,
- alle denkbaren Regelungen, die das Verhalten von Menschen mit Ausnahme der Tierhaltung betreffen, welches schädliche Umwelteinwirkungen i.S.d. § 3 Abs. 1 BImSchG hervorrufen kann, weil das BImSchG diese Fälle ungeregelt läßt,

---

148 Wohlwollend z.B. *Lindemann/Eickhoff*, Natur und Recht 1994, S. 330 ff.

149 Eine solche Bodenentsiegelungspflicht fehlt bislang im geltenden Recht. Sie ergibt sich auch nicht aus dem Bauordnungsrecht. § 14 Abs. 1 der niedersächsischen Bauordnung enthält beispielsweise die Pflicht, daß nicht überbaute Flächen Grünflächen sein müssen. Aus dieser Norm ergibt sich nicht die Pflicht, allgemein Entsiegelungsmaßnahmen vorzunehmen; denn die Pflicht, Grünflächen herzurichten, gilt nur für die nicht überbauten Flächen von Baugrundstücken.

- das Recht der Tierhaltung unter immissionsschutzrechtlichen Aspekten, weil das BImSchG sich zu diesem Fall nicht äußert.

Das Recht der genehmigungsbedürftigen Anlagen regelt das BImSchG abschließend. Es fehlt eine Regelungslücke, die vom Landesrecht gefüllt werden könnte. Diese Feststellung gilt nicht für das Recht der nicht genehmigungsbedürftigen Anlagen. Nach § 22 Abs. 2 BImSchG bleiben weitergehende öffentlich-rechtliche Vorschriften unberührt. Weitergehende öffentlich-rechtliche Vorschriften können sowohl Normen des Bundes- wie des Landesrechts sein.

Für den Regelungsgehalt von § 22 Abs. 2 BImSchG hat Verfasser[150] folgendes erarbeitet: "Diese Bestimmung sollte der Klarstellung dienen, hat aber eher das Gegenteil erreicht. Soll diese Norm nicht sinnlos werden, so ist sie in Einklang mit dem Willen des Gesetzgebers folgendermaßen zu interpretieren: Im Rahmen der gesetzlichen Gesamtkonzeption meint § 22 Abs. 2 BImSchG nicht solche Normen, die sich speziell auf die Errichtung und den Betrieb von Anlagen beziehen, sondern solche, die ohne Rücksicht auf die Art der Emissionsquelle dem Schutz spezieller Rechtsgüter vor Emissionen dienen. Deshalb sind landesrechtliche Normen zum Schutz der Nacht- und Feiertagsruhe auf nicht genehmigungsbedürftige Anlagen anwendbar." Dieses Ergebnis ist unbestritten. In der Literatur ist streitig[151], ob § 22 Abs. 2 BImSchG immissionsschutzrechtliche Regelungen des Landesrechts zuläßt, wenn sie weiterreichendere Anforderungen als § 22 Abs. 1 BImSchG stellen. Für diese Auffassung spricht der Wortlaut des § 22 Abs. 2 BImSchG[152]. Die Gegenauffassung läßt landesrechtliche Regelungen nur außerhalb des Anwendungsbereichs des § 22 Abs. 1 BImSchG zu[153]. Dafür soll neben der Entstehungsgeschichte des BImSchG vor allem die Regelung des § 23 Abs. 2 sprechen, die unter der ersten Auffassung keinen rechten Sinn habe. Indes ist mit Jarass[154] darauf hinzuweisen, daß der Widerspruch zwischen § 22 Abs. 2 BImSchG und § 23 Abs. 2 BImSchG entstehungsgeschichtlich bedingt ist, weil die Vorschrift des § 22 Abs. 2 BImSchG erst nachträglich eingefügt wurde. Unter Berücksichtigung des Schutzzweckes von § 1 BImSchG sprechen die überwiegenden Gesichtspunkte i.S.d. ersten Auffassung dafür, § 22 Abs. 2 BImSchG eine Aussage des Inhalts zu entnehmen, daß der Bundesgesetzgeber im Hinblick auf

---

150 *Peine*, Öffentliches Wirtschaftsrecht, in: Grimm/Papier (Hrsg.), Nordrhein-westfälisches Staats- und Verwaltungsrecht, S. 583.

151 S. die Nachw. bei *Jarass*, Bundes-Immissionsschutzgesetz, § 22 Rn. 14.

152 OVG Koblenz, NVwZ 1989, S. 275 f.; OVG Münster, DVBl. 1979, S. 318 f.

153 BayVGH, GewA 1986, S. 70 f.

154 *Jarass*, ebenda, § 22 Rn. 14.

strengere Anforderungen keine abschließende Regelung getroffen hat. Daraus folgt, daß § 22 Abs. 2 BImSchG weitere strengere Anforderungen zuläßt, als § 22 Abs. 1 BImSchG sie stellt. Da § 22 Abs. 1 BImSchG generell die Verhütung konkreter Gefahren im Blick hat, sind landesrechtliche Vorschriften möglich, die in den Bereich der Vorsorge einzuordnen sind. Eine solche gibt es in § 3 Abs. 5 LImSchG. Diese Norm könnte in ihrem Anwendungsbereich erweitert werden. Es wird deshalb vorgeschlagen, das vorhandene Landesrecht insoweit zu ergänzen.

Die gerade getroffene Aussage ist noch unter einem bestimmten Aspekt begründungsbedürftig. § 23 BImSchG ermächtigt die Bundesregierung zum Erlaß von Rechtsverordnungen; dieses Recht zum Erlaß von Rechtsverordnungen könnte den Landesgesetzgeber sperren, für nicht genehmigungsbedürftige Anlagen Normen betreffend den Vorsorgebereich zu erlassen. Immerhin spricht § 23 Abs. 1 Satz 1 BImSchG davon, daß "zur Vorsorge" Rechtsverordnungen erlassen werden können. Schaut man sich jedoch die konkreten Fälle an, die die Bundesregierung durch Rechtsverordnung regeln darf und welche sie durch Rechtsverordnung auch geregelt hat, so entfallen Vorsorgevorschriften; daraus darf geschlossen werden, daß die Aussage "zur Vorsorge" in § 23 Abs. 1 Satz 1 BImSchG keine Regelungsrelevanz, sondern nur deklaratorische Bedeutung besitzt. Mit Blick auf die Vorsorge entfaltet § 23 BImSchG deshalb keine Sperrwirkung[155].

M.E. ist das Vorschaltgesetz zum Immissionsschutz stark überarbeitungsbedürftig. In einem zukünfigen Landes-Immissionsschutzgesetz, sei es als selbständiges Gesetz oder als Teil eines Landesumweltgesetzes für Brandenburg, kann zunächst die Zweckbestimmung des § 1 Abs. 1 entfallen. Sodann müßte der im Gesetz geregelte Stoff neu gegliedert werden. Ein denkbarer Gesichtspunkt wäre, die im Gesetz enthaltenen materiellen Aussagen von denen zu sondern, die sich mit dem Erlaß von Rechtsverordnungen befassen. Die Zuständigkeiten müßten am Schluß des Gesetzes geregelt werden. Sollte es zu einem Landesumweltgesetz für Brandenburg kommen, gehörte die in § 17 geregelte Pflicht des Ministers für Umwelt, Naturschutz und Raum-

---

155 Die bei *Jarass*, ebenda, § 22 Rn. 15 zitierte Entscheidung des BVerwG, LKV 1991, S. 411 äußert sich zum Problem, ob in der Ermächtigungsgrundlage § 23 BImSchG bereits ein Gebrauchmachen liege, nicht. Wenn die Aussage "zur Vorsorge" in § 23 Abs. 1 Satz 1 BImSchG materielle Aussagekraft besäße, wären die Länder insoweit gesperrt. Zum Problem der Sperrwirkung von Ermächtigungsnormen s. *Peine*, Die Finanzierung der Entsorgung häuslicher Abfälle, in: Der Minster für Umwelt, Raumordnung und Landwirtschaft des Landes Nordrhein-Westfalen (Hrsg.), Das neue Abfallwirtschaftsrecht - Umweltrechtstage 1989, S. 78 ff.

ordnung zur Berichterstattung über die Emissions- und Immissionssituation in den Allgemeinen Teil. Ob die Regelung des § 22 notwendig ist, erscheint zumindest fraglich, da sie m.E. Selbstverständliches enthält. Die in § 16 Abs. 2-5 enthaltene Regelung über das Betretungsrecht von Grundstücken etc. findet sich nicht nur im Vorschaltgesetz zum Immissionsschutz, sondern auch im Wasserrecht; dieses Recht gehört in den Allgemeinen Teil eines Landesumweltgesetzes für Brandenburg. - Die gerade gegebenen Hinweise für die Überarbeitung des Gesetzes sind nicht vollständig, sondern lediglich beispielhaft.

Die notwendige Überarbeitung des Immissionsschutzrechts könnte mit seiner Verschärfung im Einzelfall, wie für ein Vorsorgerecht dargelegt, verbunden werden. In diesem Zusammenhang wäre auch zu überlegen, ob die Verordnung über Ausnahmen vom Verbot des Neuanschlusses elektrischer Direktheizungen und Nachstromspeicherheizungen v. 24. Juni 1993[156], die eine Seite lang ist, in das Gesetz integriert werden könnte.

c) Klimaschutzrecht

Spezifische Instrumente zugunsten des Klimaschutzes gibt es bislang nur ansatzweise. Die Anforderung nach § 5 Abs. 1 Nr. 4 BImSchG - Abwärmenutzung - ist bislang nicht durch eine Rechtsverordnung umgesetzt. Es existiert die Verordnung zum Verbot von bestimmten, die Ozonschicht abbauenden Halogenwasserstoffen[157]. Einige Länder, z.B. Hessen[158], haben Energiegesetze erlassen. Eine Sommersmog-Verordnung soll erlassen werden. Eine neue Wärmeschutzverordnung[159] ist in Kraft getreten.

Der Schutz des Klimas ist auf die menschlichen Aktivitäten ausgerichtet, die Veränderungen der Erdatmosphäre durch den Treibhauseffekt und das Ozonloch oder klimarelevante Änderungen in der Landnutzung bewirken.

---

[156] GVBl. S. 300.

[157] Verordnung zum Verbot von bestimmten die Ozonschicht abbauenden Halogenkohlenwasserstoffen (FCKW-Halon-Verbots-Verordnung) v. 6.5.1991, BGBl. I S. 1090.

[158] Gesetz über die Förderung nationaler und umweltfreundlicher Energienutzung in Hessen, v. 25.5.1990, GVBl. I, S. 174.

[159] BGBl. I S. 1846.

Der natürliche Treibhauseffekt der Atmosphäre[160] (fast ungehindertes Eindringen der kurzwelligen Sonnenstrahlung bis zum Erdboden, jedoch Absorption der ausgesandten langwelligen Strahlung in der unteren Atmosphäre durch Gas) wird vor allem bewirkt durch Wasserdampf, Kohlendioxyd, Ozon, Distickstoffoxyd und Methan. Infolge der anthropogen bedingten starken Zunahme der Treibhausgase tritt eine Verstärkung des Treibhauseffektes ein, der sich nach den derzeitigen Modellberechnungen global im 21. Jahrhundert infolge der allgemeinen Erwärmung gravierend auswirken kann. Zu den Ursachen des Treibhauseffektes gehören die Bereiche Energie einschließlich Verkehr, chemische Produkte, Vernichtung der Tropenwälder sowie Landwirtschaft und andere Bereiche.

In Deutschland kann auf die Ursachen des Treibhauseffektes eingewirkt werden durch den Energieverbrauch sowie den Verkehr betreffende Maßnahmen. Ferner kann auf die Herstellung und Nutzung chemischer Produkte, die den Treibhauseffekt bewirken, und auf die Landwirtschaft Einfluß genommen werden.

Das geltende Bundesrecht kennt eine Reihe von Aussagen, die klimabedeutsam sind. § 2 Abs. 1 Nr. 8 BNatSchG sowie die Landesnaturschutzgesetze formulieren als Grundsatz des Naturschutzes und der Landschaftspflege, Beeinträchtigungen des Klimas, insbesondere des örtlichen Klimas, zu vermeiden und unvermeidbare Beeinträchtigungen durch landschaftspflegerische Maßnahmen auszugleichen oder zu mindern. Das BImSchG mit der technischen Anleitung zur Reinhaltung der Luft hat die Reduzierung solcher Gase im Blick, die klimaschädigend wirken. Ferner gibt es nach § 47 BImSchG die Möglichkeit der Länder, Luftreinhaltepläne zu erlassen (die jedoch das CO2 nicht erfassen), sowie die Möglichkeit der Ausweisung von Untersuchungsgebieten nach § 44 BImSchG. Die Bundesländer können Smogverordnungen erlassen. Auf der Grundlage des Baurechts, also des BauGB und der Landesbauordnungen, sind Maßnahmen zu Vermeidung des Energieverbrauchs möglich: Verwendung von wärmedämmendem Baumaterial, Lage des Baus, Gebäudeform und -gliederung, Orientierung der Fenster zur Ausnutzung winterlicher Sonneneinstrahlung, Anordnung der Räume zueinander, Lage von Kamin und Wasserleitungen bzw. Heizungsleitungen, Windfänge, Rolläden, Wintergärten bzw. verglaste Vorbauten, "Bewachsen" eines Hauses mit einem "Pflanzenpelz" (Efeu, wilder Wein), Dachbegrünung, Baum- und Heckenan-

---

160 S. zum folgenden das Stichwort "Klimaschutz", bearbeitet von *Schirmer*, in: Kimminich/v. Lersner/Storm (Hrsg.), Handwörterbuch des Umweltrechts, Bd. 1, Sp. 1253 ff.

pflanzungen. Verfasser[161] hat in einem Aufsatz analysiert, inwieweit diese Maßnahmen bauordnungsrechtlich und bauplanungsrechtlich durchsetzbar sind. In diesem Aufsatz hat sich Verfasser ferner zur Frage der "alternativen" Energiegewinnung geäußert. Sowohl bauplanungsrechtlich als auch bauordnungsrechtlich sind Sonnenkollektoren, Energiedächer und Windkraftanlagen zulässig.

Nach alledem ist zu fragen, was landesrechtlich noch angeordnet werden kann, um das Entstehen klimaschädlicher Gase zu verhindern. Wie gesagt, wirken sich insbesondere die Abgase aus Verbrennungsmotoren, insbesondere also aus Personen- und Lastkraftwagen, und die Abgase, die bei der Verbrennung von Kohle,Öl, Gas[162] und Holz entstehen, klimaschädlich aus. Um diese "Treibhausgase" zu minimieren, müßte der Autoverkehr eingedämmt und die Energieerzeugung mit Hilfe der genannten Stoffe eingeschränkt werden.

Das geltende Bundes- und Landesrecht erlaubt bereits eine Vielzahl von straßenrechtlichen und straßenverkehrsrechtlichen Maßnahmen, die zu einer Reduzierung bzw. gänzlichen Ausschaltung des Autoverkehrs in bestimmten Bereichen führen. Stichworte insoweit sind die Einrichtung von Fußgängerzonen[163] sowie verkehrsberuhigende Maßnahmen[164]. Ob diese Maßnahmen in der Tat zu einer Reduzierung des Verkehrs führen oder nur verkehrsverlagernde Effekte haben, bleibe offen. Zu fragen ist, ob das Land Verkehrsverbote für Kraftwagen aussprechen darf. Verkehrsverbote würden dazu führen, daß andere, umweltfreundlichere Verkehrsmittel zu benutzen wären: also die Eisenbahn und die Binnenschiffe beispielsweise für den Gütertransport. Eine rechtliche Möglichkeit des Landes, in dieser Weise vorzugehen, sehe ich nicht. Für alle öffentlichen Straßen ist im Rahmen der Widmung Gemeingebrauch eröffnet. Solange die öffentlichen Straßen für den allgemeinen Verkehr gewidmet sind, besteht nicht die Möglichkeit, für einzelne Verkehrsteilnehmer eine Nutzung der Straße durch Kraftwagen zu verbieten. Auf die Zahl der vorhandenen Personenkraftwagen und Lastkraftwagen hat das Land keinen Einfluß. Es kann auch nicht die Intensität der Benutzung dieser Kraftwagen regeln.

---

[161] *Peine*, Energiesparen - bau- und planungsrechtliche Aspekte, DVBl. 1991, S. 965 ff.

[162] Für das Gas ist zu bemerken, daß es am wenigsten klimaschädlich ist.

[163] S. dazu das Stichwort "Fußgängerzone", bearbeitet von *Peine*, in: Handwörterbuch des Umweltrechts, aaO, Bd. 1, Sp. 795 ff.

[164] S. dazu das Stichwort "Verkehrsberuhigung", bearbeitet von *Peine*, in: Handwörterbuch des Umweltrechts, aaO, Bd. 2, Sp. 2633 ff.

Die einzige Möglichkeit für das Land, einen Beitrag zur Verkehrsvermeidung zu leisten, sehe ich darin, daß das Land auf seine Bürger hinwirkt, öffentliche Verkehrsmittel zu benutzen. Mittel zum Hinwirken sind Aufklärung, das Gewähren von Vorteilen für "Umsteiger" sowie eine Einflußnahme auf die Träger der örtlichen Bauleitplanung, "verkehrserzeugende" Planungen in einer Weise vorzunehmen, daß der Verkehr auf ein Minimum reduziert werden kann. Dieses in eine Norm umgesetzt, führt zu folgendem Vorschlag: "Alle Behörden des Landes Brandenburg wirken im Rahmen ihrer Zuständigkeiten darauf hin, daß individueller Personen- und Güterverkehr soweit wie möglich unterbleibt. Sie fördern die Benutzung des öffentlichen Personennahverkehrs und die Benutzung von Eisenbahnen und Binnenschiffen."

Das Land Brandenburg hat keine direkten Möglichkeiten, die Erzeugung von Energie durch Kraftwerke mit Hilfe eines bestimmten Brennstoffs zu verhindern. Die Errichtung von Atomkraftwerken und von anderen Kraftwerken richtet sich entweder nach dem Atomgesetz oder nach dem Bundes-Immissionsschutzgesetz. An die Errichtung von Atomkraftwerken denkt z.Zt. niemand; deshalb ist das Ermessen, welches § 7 Abs. 1 AtomG einräumt und welches der zuständige Minister des Landes Brandenburg in einer Weise nutzen könnte, daß er atomrechtliche Anlagen nicht genehmigt, bedeutungslos. Nach § 6 BImSchG hat derjenige, der eine Anlage i.S.d. BImSchG errichten und betreiben möchte, einen Anspruch darauf, daß ihm die Anlage genehmigt wird, wenn sie dem geltenden Recht entspricht. Das geltende Bundesrecht verbietet nicht die Errichtung von Kraftwerken in Abhängigkeit davon, welcher Brennstoff zur Energieerzeugung genutzt wird. An dieses Recht ist das Land gebunden.

Die Möglichkeiten, Nah- und Fernwärmeversorgung einzurichten, hat § 8 LImSchG den dort genannten Körperschaften bereits eingeräumt. § 4 Ziff. 15 LPlG hat als (verbindliches) Ziel der Raumordnung und Landesplanung die Energie- und Wärmeerzeugung bereits umfassend geregelt.

Das Land hat nur, genauso wie beim Individualverkehr, die Möglichkeit, darauf hinzuwirken, daß Energieerzeuger solche Brennstoffe nutzen, die möglichst wenig umweltschädlich sind, sowie, daß die Energieverbraucher so wenig Energie wie möglich verbrauchen. Ferner kann das Land die Erzeugung "alternativer" Energien fördern. Diese Möglichkeiten des Landes in eine Norm umgesetzt führen zu folgendem Vorschlag: "Alle Behörden des Landes wirken im Rahmen ihrer Zuständigkeiten darauf hin, daß alle Möglichkeiten zum Energiesparen sowie einer weniger umweltschädlichen Energieerzeugung genutzt werden. Das Land fördert die alternative Energiegewinnung."

Die §§ 8 und 9 des Vorschaltgesetzes zum Immissionsschutz gehören in ein Kapitel "Klimaschutz".

F. Gliederungsvorschlag für ein "Umweltgesetz für das Land Brandenburg"

Erster Teil: Allgemeine Vorschriften

Erstes Kapitel: Eingangsbestimmungen

- Aussagen zum Zweck, Definitionen, Leitprinzipien, Grundsätze, Umweltqualitätsziele

Zweites Kapitel: Umweltrechte und Umweltpflichten

- Aussagen über Rechte und Pflichten des Bürgers sowie die Umsetzung von Verpflichtungen des Landes, z.B. Konkretisierung der Art. 39 sowie Art. 40 Abs. 3-5 VerfBrb

Drittes Kapitel: Planung und Genehmigungsverfahren

- Aussagen über umweltrelevante Aussagen in den Landesentwicklungsplänen, Zusammenfassung der Genehmigungsverfahren

Viertes Kapitel: Indirekte Steuerung

- Aussagen über das "allgemeine" Abgabenrecht, Umweltsubventionen und "flexible" Instrumente

Fünftes Kapitel: Umweltinformation

- Aussagen über die Verpflichtung des Landes zur Umwelterforschung, -beobachtung und -statistik (soweit nicht schon im zweiten Kapitel enthalten)

Sechstes Kapitel: Recht des "billigen Ausgleichs"

Siebentes Kapitel: Öffentlichkeitsbeteiligung

- Aussagen über die Verbandsklage, Umweltstatistik (soweit nicht schon in einem der vorderen Kapitel enthalten), Einsichtsrechte des Bürgers

Achtes Kapitel: Rechtsetzung und Regelsetzung

- Aussagen über die zu erlassenden Rechtsverordnungen und Verwaltungsvorschriften, Zuständigkeitsregelungen

Neuntes Kapitel: Organisation und Zuständigkeiten

- Aussagen über die im Umweltschutz tätigen Behörden, Regelung ihrer Zuständigkeiten, Regelung des Rechts der Beiräte und Ausschüsse

Zweiter Teil: Besondere Vorschriften

Erstes Kapitel: Naturschutz und Landschaftspflege

Zweites Kapitel: Gewässerschutz und Wasserwirtschaft

Drittes Kapitel: Bodenschutz

Viertes Kapitel: Immissionsschutz

Fünftes Kapitel: Klimaschutz

Sechstes Kapitel: Abfallwirtschaft und Abfallentsorgung

G. Gesamtergebnis

Im Zwischenergebnis war theoretisch die Richtigkeit der Aussage nachgewiesen worden, daß ein Landesumweltgesetz im allgemeinen und speziell ein Umweltgesetz für das Land Brandenburg sinnvoll ist und einen Rechtsfortschritt ermöglicht. In den beiden vorangegangenen Kapiteln wurde der Nachweis geführt, daß die theoretischen Vorteile auch praktisch eintreten können. Gegenüber dem jetzigen Rechtszustand bietet ein Umweltgesetz für das Land Brandenburg folgende Vorteile:

- Aus z.Zt. fünf Gesetzen, bei Durchführung des Notwendigen (Umsetzung von Verfassungsaufträgen) bzw. angedachten (Bodenschutz, Klimaschutz) wenigstens sieben Gesetzen wird ein einziges geformt; damit ist die Rechtszersplitterung in dem Bereich des Landesumweltrechts aufgehoben.
- Aus z.Zt. ca. 350 Vorschriften läßt sich im Ergebnis ohne Verlust an Substanz ein Gesetz mit ca. 200-250 Vorschriften konstruieren; rein quantitativ läßt sich die Stoffmasse um 2/7 bis 3/7 reduzieren.
- Es läßt sich ein Allgemeiner Teil mit den dargelegten Inhalten formulieren, womit Doppelnormierungen, sonstige Wiederholungen. gleichartige Aussagen in verschiedenen Gesetzen vermieden werden.
- Ein einheitliches Konzept sowie einheitliche Leitvorstellungen für das gesamte Landesumweltrecht werden wie dargelegt normiert; damit ist die jetzt vorhandene Komplexität und inhaltliche Verschiedenheit in den Ausgangspunkten überwunden.
- Die weiteren Folgen treten ein, da - wie dargelegt - die für sie notwendige Basis geschaffen ist; diese Folgen sind: leichtere Erlernbarkeit des Rechts als Folge der Reduzierung seiner Komplexität und ihrer Ersetzung durch einheitliche Leitvorstellungen; leichtere Handhabbarkeit und einfacherer Vollzug; leichtere Erreichbarkeit des Rechts auch für Laien; Erhöhung des Umweltbewußtseins in der Bevölkerung; Anerkennung der enormen Bedeutung des Umweltschutzes.
- Das gesamte Umweltrecht könnte nach einheitlichen Gesichtspunkten vereinfacht werden, womit Deregulierungseffekte verbunden wären.

- Die jetzt organisatorisch sehr komplizierte Umweltverwaltung des Landes Brandenburg und die damit verbundenen Schwierigkeiten beim Gesetzesvollzug sind zu überwinden durch eine Neuregelung, die eine Kodifikation eher ermöglicht als punktuelle Rechtsänderungen.
- Ein Umweltgesetz für das Land Brandenburg in der vorgeschlagenen Form könnte mit Blick auf Aufbau und Inhalt für den Bund Vorbildcharakter entfalten und das Gerüst für das gemeinsame Umweltrecht des neuen Bundeslandes Berlin/Brandenburg bilden.
- Die noch zu erfüllenden Verfassungsaufträge könnten dort erfüllt werden, wo sie am ehesten erwartet werden: in einem Landesumweltgesetz.
- Zukünftige Gesetzgeber sowie die Verwaltung und die Rechtsprechung würden durch ein Landesumweltgesetz entlastet.

Als Summe dieser Vorteile darf herausgestellt werden: Ein Umweltgesetz für das Land Brandenburg bildet einen einfachen, klar aufgebauten, modernen Ansprüchen an das Umweltrecht genügenden Rechtsrahmen, der als solcher langfristig Bestand haben kann, wenn er von Detailregelungen entlastet wird, weil diese Details in Rechtsverordnungen normiert werden. Dieses Recht wird nach einer gewissen Zeit Interpretationsprobleme nicht mehr aufwerfen. Alle mit dem Umweltrecht Befaßten können dann auf der Grundlage dieses Gesetzes arbeiten in dem Bewußtsein, permanente Änderungen nicht befürchten zu müssen. Für alle mit dem Recht Befaßten hat die Aussicht darauf, daß das materielle Recht für lange Zeit unverändert bleibt, stark entlastende Wirkung. Dieses Moment kann dem Umweltschutz zugute kommen.

Das Gutachten hatte die Frage zu beantworten, ob ein Landesumweltgesetz für Brandenburg "machbar" ist und Vorschläge für das "Aussehen" eines machbaren Landesumweltgesetzes für Brandenburg zu unterbreiten. Verf. hat "machbar" inhaltlich und nicht rein formal verstanden und Kriterien zur Überprüfung entwickelt. Die Machbarkeit eines solchen Gesetzes ist unter theoretischen Aspekten bei B. und C. nachgewiesen worden; die Beweisführung ist unter D. zusammengefaßt. Überlegungen zum "Aussehen" eines Landesumweltgesetzes für Brandenburg, die zugleich die Richtigkeit der theoretischen Ergebnisse praktisch belegen, sind unter E. angestellt worden; ein Gliederungsvorschlag ist unter F. dargelegt.

Das Ergebnis des Gutachtens ist positiv: Ein Landesumweltgesetz für Brandenburg ist "machbar". Die beiden Kriterien sind erfüllt: Die sachlich sinnvolle Aufteilung der Stoffmasse in einen Allgemeinen Teil und in einen Besonderen Teil führt zur Reduktion der Stoffmasse; das Gesetz ist klar aufgebaut und überschaubar und erleichtert deshalb die Erreichbarkeit des Landesumweltrechts für jedermann.

Verfasser sei eine abschließende Bemerkung gestattet, die die leichtere Erreichbarkeit des gesamten Landesumweltrechts betrifft: Die bisherige Diskussion ist orientiert auf das vom Parlament zu verabschiedende Landesumweltgesetz für Brandenburg. Dieses Parlamentsgesetz ergänzen Rechtsverordnungen des Landes auf der Grundlage von Bundes- wie Landesrecht. Diese Rechtsverordnungen sind regelmäßig nicht leicht erreichbar; ferner ist häufig nicht leicht erkennbar, welcher sachlichen Aussage im Gesetz die Rechtsverordnung zuzuordnen ist. In der Zuständigkeitsvorschrift über ihren Erlaß sind - wie dargelegt - alle denkbaren Rechtsverordnungen des Landes aufzuführen. Es bietet sich an, diese Verordnungen durchzunumerieren, damit sofort für jedermann ersichtlich ist, wohin eine Rechtsverordnung sachlich gehört. Das gleiche gilt für die zu erlassenden Verwaltungsvorschriften. Eine für alle am Umweltrecht Interessierten außerordentliche Erleichterung stellte es dar, wenn der Landesumweltminister nach Erlaß des gesamten Landesumweltrechts: also des Parlamentsgesetzes, der Rechtsverordnungen und der Verwaltungsvorschriften, einen Text herausgäbe, der wie folgt gegliedert wäre: 1. Umweltgesetz für das Land Brandenburg, 2. die Rechtsverordnungen, die durchgezählt und deshalb problemlos den einzelnen Normen des Landesumweltgesetzes zuzuordnen wären, 3. die Verwaltungsvorschriften, für die das gleiche wie für die Rechtsverordnungen gilt. Ein solches für jedermann erhältliches Gesamtwerk des für Brandenburg geltenden Landesumweltrechts könnte in großem Maße dazu beitragen, die Umwelt in Brandenburg zu erhalten und zu verbessern.

H. Zusammenfassung des Gutachtens in Thesen

1. Die Aufgabenstellung lautete: Ist ein "Umweltgesetz für das Land Brandenburg" machbar und, wenn ja, welches "Aussehen" könnte es haben? Verf. versteht "machbar" inhaltlich; ein Landesumweltgesetz ist machbar, wenn der gesamte vorhandene und noch zu erlassende Rechtsstoff in einem einzigen Gesetz zusammengefaßt werden kann, welches als Folge seiner Ausdifferenzierung in einen Allgemeinen Teil und in einen Besonderen Teil erheblich zur Reduktion der Stoffmasse beiträgt und die Erreichbarkeit des vorhandenen Rechts für jedermann durch größere Übersichtlichkeit erheblich erleichtert.

2. Das Landesumweltrecht zu kodifizieren ist nur sinnvoll, wenn sich das Bundesrecht kodifizieren läßt; ob das Bundesrecht auch kodifiziert wird, ist unerheblich und steht einem Bemühen des Landes nicht entgegen. Bedingung für die Zweckhaftigkeit der Kodifikation des Umweltrechts des Bundes ist: Das Bundesrecht muß kodifikationsreif sein; es muß eine Kodifikationsmöglichkeit bestehen; die relevanten Kreise müssen den Wunsch nach einer Kodifikation geäußert haben; die Kodifikation muß mit Vorteilen verbunden sein.

3. Es ist sinnvoll und stellt einen Rechtsfortschritt dar, das Umweltrecht des Bundes zu kodifizieren. Es ist kodifikationsreif, weil es ein abgeschlossenes Rechtsgebiet darstellt und dieses Rechtsgebiet jetzt innerlich zerrissen ist. Es besteht die Möglichkeit, es zu kodifizieren, wenn man "Kodifikation" als ein Rechtsprinzip begreift, welches Recht systematisch erfaßt, gliedert und fortbildet. Die bundesrepublikanische Gesellschaft, "vertreten" durch ihre Gesetzgeber, hat die Fähigkeit zu einer Leistung in diesem Sinne bewiesen. Auch hat das Recht seine Fähigkeit zur Steuerung gesellschaftlicher Prozesse unter Beweis gestellt. Damit ist die Kodifikationsmöglichkeit des Umweltrechts belegt. Alle am Umweltrecht Interessierten: Bundesregierung, Vertreter der Exekutive, Vertreter der Judikative, Vertreter der Unternehmen, Theoretiker, wünschen eine Kodifikation des Umweltrechts. Mit einer Kodifikation des Umweltrechts des Bundes sind folgende Vorteile verbunden: Überwindung der Zersplitterung des Rechts in eine Vielzahl von Einzelfallgesetzen durch Erlaß eines einzigen Gesetzes; Überwindung von Doppelnormierungen durch Schaffung eines Allgemeinen Teils; Überwindung von inhaltlichen Differen-

zen durch Verfolgung einheitlicher Konzepte für die gesamte Sachproblematik; Überwindung inhaltlicher Komplexität infolge der Normierung einheitlicher Konzepte; Möglichkeit der Normierung einheitlicher Leitvorstellungen für das gesamte Umweltrecht; leichtere Lernbarkeit des Rechts als Folge der Reduzierung seiner Komplexität und ihrer Ersetzung durch einheitliche Leitvorstellungen; leichtere Handhabbarkeit und einfacherer Vollzug; leichtere Erreichbarkeit des Rechts auch für Laien; Erhöhung des Umweltbewußtseins in der Bevölkerung; Anerkennung der enormen Bedeutung des Umweltschutzes.

4. Wenn das Bundesrecht kodifikationsfähig ist, steht der Annahme, daß das Landesrecht ebenfalls kodifikationsfähig sei, prinzipiell nichts entgegen - die für das Bundesrecht erarbeiteten Erwägungen gelten auch für das Landesrecht.

5. Das Umweltrecht des Landes Brandenburg enthält z.Zt. ca. 350 Normen; es ist noch nicht vollständig. Es ist in vielfacher Hinsicht eigenständiges Recht. Es gibt folglich genügend materielles Recht, welches sich i.S. eines codex ordnen läßt. Damit ist das Landesumweltrecht von Brandenburg kodifikationsreif. Diesem Ergebnis steht nicht entgegen, daß eine Kodifikation des Bundes fehlt und erst in einigen Jahren zu erwarten ist. Eine fehlende Kodifikation des Bundesrechts hindert eine Kodifikation des Landesrechts nicht; eine Bundeskodifikation stellt keine notwendige Bedingung für eine Landeskodifikation dar. Ein Abwarten der Länder auf eine Bundeskodifikation verspielt Vorteile, die eine Landeskodifikation mit sich brächte: Zumindest werden die Vorteile verspielt, die unter 3. aufgezählt wurden. Ferner wird die Möglichkeit verspielt, auf die Gestalt des Bundesrechts Einfluß zu nehmen.

6. Ein denkbarer Zusammenschluß der Länder Berlin und Brandenburg steht einer Kodifikation des Landesumweltrechts von Brandenburg ebenfalls nicht entgegen. Eine Kodifikation wäre im Gegenteil eine positive Vorleistung Brandenburgs für den Zusammenschluß, weil sie das Gerüst lieferte, in welches das gemeinsame Umweltrecht des neuen Bundeslandes eingepaßt werden könnte.

7. Neben der Kodifikationsreife des Landesrechts besteht problemlos die Kodifikationsmöglichkeit. Auch ist es wünschenswert, das Landesumweltrecht zu kodifizieren. Neben den schon genannten Vorteilen (s. unter 3.), die für das Landesrecht ebenfalls gelten, ergeben sich aus Landessicht durch eine Kodifikation folgende spezielle Vorteile: Möglichkeit der Einflußnahme auf die

zukünftige Bundesgesetzgebung; einfacherer Vollzug des Umweltrechts durch die Möglichkeit, die Zuständigkeiten neu zu gliedern und zu vereinfachen; Deregulierung des Landesrechts und Erzielung von Beschleunigungen. Speziell für das Land Brandenburg bringt die Kodifikation die Möglichkeit, in ihr noch unerfüllte Verfassungsaufträge zu erledigen, die ansonsten in weiteren Einzelfallgesetzen abzuhandeln wären und die zur weiteren Rechtszersplitterung beitrügen. Das in Brandenburg als neuem Bundesland entstandene wenig homogene Recht, welches teilweise noch "Recht auf Zeit" ist, könnte in einer großen Kraftanstrengung vereinheitlicht und ohne weitere Mühe zusammengefaßt werden.

8. Das Landesumweltrecht ist in einen Allgemeinen Teil und in einen Besonderen Teil aufzuspalten. Inhalt des Allgemeinen Teils, der in neun Kapiteln auszudifferenzieren wäre, könnten folgende Aussagen sein: Aussagen zum Zweck des Gesetzes, Definitionen, Leitprinzipien, Grundsätze; Aussagen über Rechte und Pflichten des Bürgers sowie des Landes, z.B. Konkretisierung des Art. 39 sowie Art. 40 Abs. 3-5 BbgVerf; Aussagen über umweltrelevante Aussagen in den Landesentwicklungsplänen, Zusammenfassung der Genehmigungsverfahren; Aussagen über das "Allgemeine" Abgabenrecht, Umweltsubventionen und "flexible" Instrumente; Aussagen über die Verpflichtung des Landes zur Umwelterforschung, -beobachtung und -statistik; ein Recht des "billigen Ausgleichs"; Aussagen über die Verbandsklage, Einsichtsrecht des Bürgers; Aussagen über die zu erlassenden Rechtsverordnungen und Verwaltungsvorschriften, Zuständigkeitsregelungen; Aussagen über die im Umweltschutz tätigen Behörden, Regelung ihrer Zuständigkeiten, Regelung des Rechts der Beiräte und Ausschüsse. Gegenstand des Besonderen Teils, der in sechs Kapitel aufzuteilen wäre, sind: Naturschutz und Landschaftspflege, Gewässerschutz und Wasserwirtschaft, Bodenschutz, Immissionsschutz, Klimaschutz, Abfallwirtschaft und Abfallbeseitigung.

9. Gegenüber dem jetzigen Rechtszustand bietet ein Umweltgesetz für das Land Brandenburg folgende Vorteile:

- Aus z.Zt. fünf Gesetzen, bei Durchführung der noch notwendigen (Umsetzung von Verfassungsaufträgen) bzw. angedachten (Bodenschutz, Klimaschutz) wenigstens sieben Gesetzen wird ein einziges geformt; damit ist die Rechtszersplitterung im Bereich des Landesumweltrechts aufgehoben.
- Aus z.Zt. ca. 350 Vorschriften läßt sich im Ergebnis ohne Verlust an Substanz ein Gesetz mit ca. 200-250 Vorschriften konstruieren; rein quantitativ läßt sich die Stoffmasse um 2/7 bis 3/7 reduzieren.

- Es gibt einen Allgemeinen Teil mit den dargelegten Inhalten, womit Doppelnormierungen, sonstige Wiederholungen, gleichartige Aussagen in verschiedenen Gesetzen vermieden werden.
- Ein einheitliches Konzept sowie einheitliche Leitvorstellungen für das gesamte Umweltrecht werden wie dargelegt normiert; damit ist die jetzt vorhandene Komplexität und inhaltliche Verschiedenheit in den Ausgangspunkten überwunden.
- Die weiteren Folgen treten ein, da - wie dargelegt - die für sie notwendige Basis geschaffen ist; diese Folgen sind: leichtere Lernbarkeit des Rechts als Folge der Reduzierung seiner Komplexität und ihrer Ersetzung durch einheitliche Leitvorstellungen; leichtere Handhabbarkeit und einfacherer Vollzug; leichtere Erreichbarkeit des Rechts auch für Laien; Erhöhung des Umweltbewußtseins in der Bevölkerung; Anerkennung der enormen Bedeutung des Umweltschutzes.
- Das gesamte Umweltrecht könnte nach einheitlichen Gesichtspunkten vereinfacht werden, womit Deregulierungseffekte verbunden wären.
- Die jetzt organisatorisch sehr komplizierte Umweltverwaltung des Landes Brandenburg und die damit verbundenen Schwierigkeiten beim Gesetzesvollzug sind zu überwinden durch eine Neuregelung, die eine Kodifikation eher ermöglicht als punktuelle Gesetzesänderungen.
- Ein Umweltgesetz für das Land Brandenburg in der vorgeschlagenen Form könnte mit Blick auf Aufbau und Inhalt für den Bund vorbildhaft sein und das Gerüst für das gemeinsame Umweltrecht des neuen Bundeslandes Berlin-Brandenburg bilden.
- Die noch zu erfüllenden Verfassungsaufträge könnten dort erledigt werden, wo sie am ehesten erwartet werden: in einem Landesumweltgesetz.
- Zukünftige Gesetzgeber, die Verwaltung und die Rechtsprechung wären durch ein lang geltendes Umweltrecht entlastet.

Als Summe dieser Vorteile darf herausgestellt werden: Ein Umweltgesetz für das Land Brandenburg bildet einen einfachen, klar aufgebauten und modernen Ansprüchen an das Umweltrecht genügenden Rechtsrahmen, der als solcher langfristig Bestand haben kann, wenn er von Detailregelungen entlastet wird, weil diese Details in Rechtsverordnungen normiert werden. Dieses Recht wird nach gewisser Zeit Interpretationsprobleme nicht mehr aufwerfen. Alle mit dem Umweltrecht Befaßten könnten dann auf der Grundlage dieses Gesetzes arbeiten in dem Bewußtsein, permanente Änderungen nicht fürchten zu müssen. Das Arbeiten auf der Grundlage eines langfristig geltenden Gesetzes kann dem Umweltschutz zugute kommen.

Literaturverzeichnis

Arbeitskreis Rechtsfragen des Bundes für Umwelt und Naturschutz Deutschland e.V., Stellungnahme zum Umweltgesetzbuch - Allgemeiner Teil, Bonn 1992.

Atzmüller, Karl F., Die Kodifikation des kollektiven Arbeitsrechts, Wien 1985.

Balensiefen, Gotthold, Natur und Umwelt, in: Helmut Simon/Dietrich Franke/Michael Sachs (Hrsg.), Handbuch der Verfassung des Landes Brandenburg, Stuttgart/München/Hannover/Berlin/Weimar/Dresden 1994.

Bender, Bernd/*Sparwasser*, Reinhard/*Engel*, Rüdiger, Umweltrecht - Grundzüge des öffentlichen Umweltschutzrechts, 3. Aufl., Heidelberg 1995.

Bleicher, Herbert, Der Entwurf eines Umweltgesetzbuchs, JA 1992, S. 238 ff.

Bohne, Eberhard, Das Umweltrecht - Ein irregulare aliquod corpus et monstro simile, in: Koch, Hans-Joachim (Hrsg.), Auf dem Weg zum Umweltgesetzbuch/Symposium über den Entwurf eines UGB-AT, Baden-Baden 1992, S. 181 ff.

Breuer, Rüdiger, Empfiehlt es sich, ein Umweltgesetzbuch zu schaffen, ggf. mit welchen Regelungsbereichen?, Gutachten B zum 59. Deutschen Juristentag 1992 in: Ständige Deputation des Deutschen Juristentages Hrsg.), Verhandlungen des neunundfünfzigsten Deutschen Juristentages 1992 in Hannover, Bd. I (Gutachten) München 1992.

\- Einleitung, in: Naturschutz- und Landschaftspflegerecht im Wandel, Umwelt- und Technikrecht Bd. 20, 1993, S. 1 ff.

\- Umweltschutzrecht, in: Schmidt-Aßmann, Eberhard (Hrsg.), Besonderes Verwaltungsrecht, 10. Aufl. Berlin New York 1995, S. 433 ff.

Bundesministerium für Umwelt, Naturschutz und Reaktorsicherheit, Denkschrift für ein Umweltgesetzbuch (noch nicht veröffentlicht).

Canaris, Claus-W., Die Feststellung von Lücken im Gesetz, 2. Aufl. Berlin 1983.

Caroni, Pio, Kodifikation, in: Erler, Adalbert/Kaufmann, Ekkehard, Handwörterbuch zur deutschen Rechtsgeschichte, Bd. II, Sp. 907 ff. Berlin 1978.

v. Danwitz, Thomas, Bericht - Der 59. Deutsche Juristentag in Hannover 1992 - II. Abt.: Umweltrecht, JZ 1993, S. 83 ff.

Der Minister für Umwelt, Raumordnung und Landwirtschaft des Landes Nordrhein-Westfalen (Hrsg.), Das neue Abfallwirtschaftsrecht - Umweltrechtstage 1989.

Dolde, Klaus-Peter, Referat, in: Ständige Deputation des Deutschen Juristentags (Hrsg.), Gutachten und Sitzungsberichte des 59. Deutschen Juristentags, Bd. II, Teil N, München 1992.

Dreyhaupt, Franz-Josef/*Peine*, Franz-Joseph/*Wittkämper*, Gerhard W. (Hrsg.), Umwelt-Handwörterbuch, Berlin/Bonn/Regensburg 1992.

Enders, Rainald/*Reiter*, Birgit, Die Umwelthaftung im System des Umweltgesetzbuches, VersR 1991, S. 1329 ff.

Engel, Rüdiger, Der Natur zum Recht verhelfen -welche Chance bietet das Umweltgesetzbuch? IUR 1992, S. 119 ff.

Erbguth, Wilfried, Die Umweltleitplanung im Entwurf eines Umweltgesetzbuchs - Allgemeiner Teil, DVBl. 1992, S. 1122 ff.

- Rechtssystematische Grundfragen des Umweltrechts, Berlin 1987.

Erbguth, Wilfried/*Stollmann*, Frank, Zum Stand des Bodenschutzrechts - dargestellt unter Berücksichtigung der Altlastproblematik, Natur und Recht 1994, S. 319 ff.

Erler, Adalbert/*Kaufmann*, Ekkehard, Handwörterbuch zur deutschen Rechtsgeschichte, Bd. II, Berlin 1978.

Esser, Josef, Gesetzesrationalität im Kodifikationszeitalter und heute, in: Recht und Staat, 1977, S. 13 ff.

Flavius, Gnaeus, Der Kampf um die Rechtswissenschaft, Heidelberg 1906.

Fluck, Jürgen/*Theuer*, Andreas, Umweltinformationsrecht, Kommentar, Vorschriften des Bundes, der Länder und der EG, Rechtsprechung, Heidelberg, Loseblatt, Stand Mai 1995.

Fluck, Jürgen, Die abschließend bestimmte nachträgliche Anordnung nach § 17 Abs. 4 BImSchG, UPR 1992, S. 326 ff.

Gebhard, Albert, Begründung der Vorschläge zu dem Entwurf eines Einführungsgesetzes zum Bürgerlichen Gesetzbuch sowie zu verschiedenen in Veranlassung der Einführung des Bürgerlichen Gesetzbuches erforderlich werdenden Abänderungen einzelner Reichsgesetze, bearbeitet vom Standpunkt des Allgemeinen Theiles. Vorlage des Redaktors Dr. Gebhard (1887), in: Schubert (Hrsg.), Die Vorlagen der Redaktoren für die Erste Kommission zur Ausarbeitung des Entwurfs eines Bürgerlichen Gestzbuchs, Berlin 1986, S. 17 ff.

Graf Hohenthal, Philip, Ein Grundgesetz für den Umweltschutz, FAZ v. 9.10.1990, S. 4 ff.

Grimm, Dieter/*Papier*, Hans-Jürgen (Hrsg.), Nordrheinwestfälisches Staats- und Verwaltungsrecht, Frankfurt/M., 1986.

Gusy, Christoph, Polizeirecht, 2. Aufl., Tübingen 1994.

Hansmann, Klaus, Referat, in: Ständige Deputation des Deutschen Juristentags (Hrsg.), Gutachten und Sitzungsberichte des 59. Deutschen Juristentags, Bd. II, Teil N, München 1992.

Hauber, Rudolf, Notwendigkeit und Inhalt einer Kodifikation des Umweltrechts, VR 1992, S. 265 ff.

Hedemann, Justus W., Die Flucht in die Generalklauseln, Tübingen 1933.

Hendler, Reinhard, Umweltabgaben und Steuerstaatsdoktrin, AöR 1990, S. 577 ff.

Hoffmann, Lutz, Auf dem Weg zum Umweltgesetzbuch - Symposium in Hamburg am 21.5.1992, LKV 1992, S. 293 ff.

Hoffmann, Lutz/*Müller*, Klaus-Peter (Hrsg.), Steuerungselemente kommunaler Abfallwirtschaft, Sehnde 1993.

Hoffmann-Riem, Wolfgang, Instrumente indirekter Verhaltenssteuerung: Zu den Vorschlägen im Umweltgesetzbuch - Allgemeiner Teil, ZAU 1992, S. 348 ff.

Hoppe, Werner, Die Umweltleitplanung im Entwurf eines Umweltgesetzbuches - Allgemeiner Teil, NJW 1992, S. 1993 ff.

Hoppe, Werner/*Beckmann*, Martin, Umweltrecht, 5. Aufl. München. 1992.

Jarass, Hans D., Bundes-Immissionsschutzgesetz, 2. Aufl., München 1993.

Jarass, Hans D./*Kloepfer*, Michael/*Kunig*, Philip/*Papier*, Hans-Jürgen/*Peine*, Franz-Joseph/*Rehbinder*, Eckhard/*Salzwedel*, Jürgen/*Schmidt-Aßmann*, Eberhard, Umweltgesetzbuch - Besonderer Teil, Berichte 4/94 des Umweltbundesamtes, Berlin 1994.

Kimminich, Otto, Das Recht des Umweltschutzes, 2. Aufl. München 1973.

Kimminich, Otto/*v. Lersner*, Heinrich/*Storm*, Peter-Christoph (Hrsg.), Handwörterbuch des Umweltrechts, 2. Aufl. 1994.

Klocke, Ulrich, Auf dem Weg zum Umweltgesetzbuch - Tagungsbericht über das Symposium der Forschungsstelle Umweltrecht der Universität Hamburg v. 21.5.1992, DVBl. 1992, S. 1013 ff.

Kloepfer, Michael, Empfiehlt es sich, ein Umweltgesetzbuch zu schaffen, ggf. mit welchen Regelungsbereichen?, JZ 1992, S. 817 ff.

- Systematisierung des Umweltrechts, Berichte 8/78 des Umweltbundesamtes, Berlin 1978.

- Umweltrecht, München 1989.

Kloepfer, Michael/*Kunig*, Philip/*Rehbinder*, Eckhard/*Schmidt-Aßmann*, Eberhard, Zur Kodifikation des Allgemeinen Teils eines Umweltgesetzbuchs, DVBl. 1991, S. 339 ff.

Kloepfer, Michael/*Meßerschmidt*, Klaus, Innere Harmonisierung des Umweltrechts, Bericht 6/86 des Umweltbundesamtes, Berlin 1986.

Kloepfer, Michael/*Rehbinder*, Eckhart/*Schmidt-Aßmann*, Eberhard/*Kunig*, Philip, Umweltgesetzbuch - Allgemeiner Teil, Berichte 7/90 des Umweltbundesamtes, Berlin 1990.

- Zur Kodifikation des Besonderen Teils eines Umweltgesetzbuches (UGB-BT), DVBl. 1994, S. 305 ff.,

- Zur Kodifikation des Umweltrechts in einem Umweltgesetzbuch, DÖV 1995, S. 745 ff.

Koch, Hans-Joachim (Hrsg.), Auf dem Weg zum Umweltgesetzbuch/Symposium über den Entwurf eines UGB-AT, Baden-Baden 1992.

- Auf dem Weg zum Umweltgesetzbuch, NVwZ 1991, S. 935 ff.

Köck, Wolfgang, Indirekte Steuerung im Umweltrecht: Abgabenerhebung, Umweltschutzbeauftragte und "Öko-Auditing" - Anmerkungen zum "Professoren-Entwurf" eines Umweltgesetzbuches - Allgemeiner Teil (UGB-AT) - , DVBl. 1994, S. 27 ff.

Kremer, Eduard, Das Umweltinformationsgesetz, LKV 1994, S. 349 ff.

Kübler, Friedrich, Kodifikation und Demokratie, JZ 1969, S. 645 ff.

Kunig, Philip, Harmoniserung des Umweltrechts - Auf dem Weg zu einem Umweltgesetzbuch?, LKV 1992, S. 145 ff.

Kunig, Philip/*Schwermer*, Gerfried/*Versteyl*, Ludger-Anselm, Abfallgesetz, Kommentar, 2. Aufl. München 1993.

Laband, Paul, Das Staatsrecht des Deutschen Reiches, Bd. I, 2. Aufl. Freiburg/Tübingen 1888.

Lässig, Curt Lutz, Keine Landeskompetenz für Verbandsklage im Naturschutzrecht, NVwZ 1989, S. 97 ff.

Laubinger, Hans-Werner, Der Entwurf eines Verwaltungsverfahrensgesetzes des Bundes von 1973, JA 1975, S. 593 ff.

Laufs, Paul, Auf dem Weg zur Entwicklung eines Umweltgesetzbuchs, ZG 1992, S. 217 ff.

Lechelt, Rainer, Auf dem Weg zum Umweltgesetzbuch - Bericht über das Symposium der Forschungsstelle Umweltrecht der Universität Hamburg am 21.5.1992, NVwZ 1992, S. 863 ff.

Lindemann, Hans-Heinrich/*Eickhoff*, Marion, Kommt ein bundeseinheitliches Altlastensanierungsrecht?, Natur und Recht, 1994, S. 330 ff.

Luhmann, Niklas, Evolution des Rechts, Rechtstheorie 1970, S. 3 ff.

- Ökologische Kommunikation -Kann die moderne Gesellschaft sich auf ökologische Gefährdungen einstellen?, 2. Aufl. Opladen 1988.

Maiwald, Beate, Anmerkungen zum Entwurf eines Umweltgesetzbuchs - Allgemeiner Teil - aus der Sicht kleiner und mittlerer Unternehmen, GewA 1993, S. 318 ff.

Mayer-Maly, Theo, Österreichisches Arbeitsrecht, Wien 1987.

Meßerschmidt, Klaus, Gesetzgebungsseminar im Umweltrecht, JURA 1985, S. 218 ff.

Metz, Christoph, 59. Deutscher Juristentag - Abt. Umweltrecht, NVwZ 1993, S. 47 ff.

Meyer, Katharina, Auf dem Weg zum Umweltgesetzbuch - Symposium der Forschungsstelle Umweltrecht Hamburg, UPR 1992, S. 369 ff.

Michael, Gerhard, Umweltrecht aus einem Guß? - Zum Entwurf eines Umweltgesetzbuchs, UTA 1991, S. 3 ff.

v. Münch, Ingo (Hrsg.), Grundgesetz-Kommentar, 2. Aufl. München 1983.

Murswiek, Dietrich, Freiheit und Freiwilligkeit im Umweltschutzbereich, JZ 1988, S. 985 ff.

- Hoffen auf die große Krise, FAZ v. 26.10.1992, S. 38.

Nahamowitz, Peter, Effektivität wirtschaftlicher Steuerung - Ein Beitrag zur Autopoiesis-Debatte, KJ 1987, S. 410 ff.

- Reflexives Recht: Das unmögliche Ideal eines postinterventionistischen Steuerungskonzepts, ZfR 1985, S. 29 ff.

Nocke, Joachim, Autopoiesis - Rechtssoziologie in seltsamen Schleifen, KJ 1986, S. 363 ff.

Papier, Hans-Jürgen, Entwurf eines Umweltgesetzbuchs - Vom Allgemeinen zum Besonderen Teil, DVBl. 1992, S. 1133 ff.

Peine, Franz-Joseph, Der Spielraum des Landesgesetzgebers im Abfallrecht, NWVBl. 1988, S. 193 ff.

- Die Finanzierung der Entsorgung häuslicher Abfälle, in: Der Minister für Umwelt, Raumordnung und Landwirtschaft des Landes Nordrhein-Westfalen (Hrsg.), Das neue Abfallwirtschaftsrecht - Umweltrechtstage 1989, Düsseldorf S. 75 ff.

- Energiesparen - bau - und planungsrechtliche Aspekte, DVBl. 1991, S. 965 ff.

- Die Gesetzgebungskompetenz des Bundes zum Erlaß eines Bodenschutzgesetzes, Natur und Recht 1992, S. 353 ff.

- Gesetzliche Grundlagen des Schutzes aquatischer Systeme, in: Gunkel, Günter (Hrsg.), Bioindikation in aquatischen Ökosystemen, Jena Stuttgart 1994, S. 440 ff.

- Kreislaufwirtschafts- und Abfallbeseitigungsrecht in: Schmidt, Reiner (Hrsg.), Öffentliches Wirtschaftsrecht - Besonderer Teil, Bd. 2, Berlin und Heidelberg 1995.

- Landwirtschaft und Umweltschutz in Deutschland, Agrarrecht 1994, S. 385 ff.

- Öffentliches Wirtschaftsrecht, in: Grimm/Papier (Hrsg.), Nordrheinwestfälisches Staats- und Verwaltungsrecht, Frankfurt 1986, S. 568 ff.

- Privatisierung im Abfallrecht, in: Hoffmann, Lutz/Müller, Klaus-Peter (Hrsg.), Steuerungselemente kommunaler Abfallwirtschaft, Sehnde 1993, S. 39 ff.

- Systemgerechtigkeit - Die Selbstbindung des Gesetzgebers als Maßstab der Normenkontrolle, Baden-Baden 1985.

- Zur Problematik "rückwirkender Gesetze" im Altlastensanierungsrecht, NVwZ 1993, S. 958 ff.

- Diskussionsbeitrag, in: Verhandlungen des 60. Deutschen Juristentages, Münster 1994, Bd. II/2 Sitzungsberichte (Diskussion und Beschlußfassung), 1994, S. L 107-111.

Petersen, Frank/*Rid*, Urban, Das neue Kreislaufwirtschafts- und Abfallgesetz, NJW 1995, S. 7 ff.

Rehbinder, Eckard, Ein weiterer Schritt auf dem Weg zur Kodifikation des Deutschen Umweltrechts - Zum "Professorenentwurf" des Besonderen Teil eines Umweltgesetzbuchs, Natur und Recht 1994, S. 313 ff.

Richter, Bernhard, Nachrüstung von Kernkraftwerken, Köln/Berlin/Bonn/München, 1985.

Riedel, Martin, Das Vorhaben der kodifikatorischen Vereinheitlichung des Umweltrechts, München 1995.

Ritter, Ernst-Hasso, Auf dem Weg zu einem Umweltgesetzbuch - Eine erste Zwischenbilanz, ZAU 1991, S. 294 ff.

- Umweltpolitik und Rechtsentwicklung, NVwZ 1987, S. 929 ff.

- Von den Schwierigkeiten des Rechts mit der Ökologie, DÖV 1992, S. 641 ff.

Röger, Ralph, Umweltinformationsgesetz, Kommentar, Köln/Berlin/Bonn/München, 1995.

Scharpf, Fritz W., Politische Steuerung und politische Institutionen, PolVj 1989, S. 10 ff.

Schirmer, Hans, Klimaschutz, in: Kimminich/v. Lersner/Storm (Hrsg.), Handwörterbuch des Umweltrechts, 2. Aufl. 1994, Bd. 1, Sp. 1253 ff.

Schomerus, Thomas/*Schrader*, Christian/*Wegener*, Bernhard W., Umweltinformationsgesetz, Kommentar, Baden-Baden 1995.

Schmidt, Karsten, Die Zukunft der Kodifikationsidee, Heidelberg 1985.

Schmidt, Reiner (Hrsg.), Öffentliches Wirtschaftsrecht - Besonderer Teil, Bd. 2, Berlin und Heidelberg 1995

Schmitt Glaeser, Walter, Verwaltungsprozeßrecht, 13. Aufl. Stuttgart 1994.

Schomerus, Thomas, Ein Ombudsmann mit Klagebefugnis statt Verbandsklage im Naturschutzrecht?, Natur und Recht 1989, S. 171 ff.

Schomerus, Thomas/*Schrader*, Christian, Neue Hoffnung für das UGB?, IUR 1992, S. 244 ff.

Schrader, Christian, Erster Schritt zur Einheit - Zum Entwurf eines Umweltgesetzbuchs, IUR 1991, S. 50 ff.

Schubert, Werner (Hrsg.), Die Vorlagen der Redaktoren für die Erste Kommission zur Ausarbeitung des Entwurfs eines Bürgerlichen Gesetzbuchs,? 1988.

Schulte, Martin, Auf dem Weg zum Umweltgesetzbuch - Symposium der Forschungsstelle Umweltrecht der Universität Hamburg am 21.5.1992, NJW 1992, S. 2402 ff.

Schuppert, Gunnar Folke, Grenzen und Alternativen von Steuerung durch Recht, in: Grimm, Dieter (Hrsg.), Wachsende Statsaufgaben - sinkende Steuerungsfähigkeit des Rechts, Baden-Baden 1990, S. 217 ff.

Sendler, Horst, Brauchen wir ein Umweltgesetzbuch (UGB)? Wenn ja: Wie sollte es aussehen?, DVBl. 1992, S. 1113 ff.

- Grundprobleme des Umweltrechts, JuS 1983, S. 255 ff.

- Ist das Umweltrecht normierbar?, UPR 1981, S. 1 ff.

Siegmann, Dirk, Änderungsgenehmigungen im Atom- und Strahlenschutzrecht, Köln/ Berlin/Bonn/München 1993.

Spilok, Gerhard, Bodenschutzgesetz Baden-Württemberg, Stuttgart 1992.

Ständige Deputation des Deutschen Juristentages (Hrsg.), Verhandlungen des 59. Deutschen Juristentags 1992, Bd. II (Sitzungsberichte), München 1992.

Starck, Christian (Hrsg.), Rechtsvereinheitlichung durch Gesetze: Bedingungen, Ziele, Methoden, Göttingen 1992.

Steiger, Reinhard, Umweltrecht - Ein eigenständiges Rechtsgebiet?, AöR 1992, S. 100 ff.

Stern, Klaus, Das Staatsrecht der Bundesrepublik Deutschland, Bd. II, 1. Aufl. München 1980.

Stolleis, Michael, Innere Reichsgründung durch Rechtsvereinheitlichung 1866-1880, in: Starck, Christian (Hrsg.), Rechtsvereinheitlichung durch Gesetze: Bedingungen, Ziele, Methoden, Göttingen 1992, S. 15 ff.

Storm, Peter-Christoph, Bundes-Umweltgesetzbuch (BUG), in: UTR Bd. 5, 1988, S. 49 ff.

- Empfiehlt es sich, ein Umweltgesetzbuch zu schaffen, ggf. mit welchen Regelungsbereichen?, ZRP 1992, S. 346 ff.

- Umweltrecht, 5. Aufl. 1992.

Stüer, Bernhard, Bericht über die Abteilung Umweltrecht auf dem 59. Deutschen Juristentag 1992 in Hannover, DWiR 1992, S. 432 ff.

- Die Entwicklung des öffentlichen Rechts - 59. Deutscher Juristentag in Hannover, DVBl. 1992, S. 1415 ff.

Teubner, Gunther/*Wilke*, Helmut, Kontext und Autonomie: Gesellschaftliche Selbststeuerung druch reflexives Recht, ZfR 1984, S. 4 ff.

Toepfer, Klaus, Auf dem Weg zu einem Umweltgesetzbuch, Umwelt 1992, S. 7 ff.

Ule, Carl-Hermann, "Gewerberecht oder Umweltschutzrecht", in: Festschrift für Fröhler, Berlin 1980, S. 349 ff.

Ule, Carl-Hermann/*Laubinger*, Hans-Werner, Empfehlen sich unter dem Gesichtspunkt der Gewährleistung notwendigen Umweltschutzes ergänzende Regelungen des Verwaltungsverfahrens- und Verwaltungsprozeßrechts? Gutachten B für den 52. Deutschen Juristentag, München 1978.

Umweltbundesamt (Hrsg.), Veröffentlichung zum Aueler Kamingespräch, Berichte 6/91 des Umweltbundesamtes, Stenographische Niederschrift des Aueler Kamingesprächs zum Umweltgesetzbuch am 8.10.1990 auf Schloß Auel, Berlin 1991.

Umweltgesetzbuch - Entwurf vorgelegt, Redaktioneller Beitrag, Umwelt 1990, S. 477.

Wege, Joachim, Positives Recht und sozialer Wandel im demokratischen und sozialen Rechtsstaat, Berlin New York 1977.

Wieacker, Franz, Privatrechtsgeschichte der Neuzeit, 2. Aufl. Göttingen 1967.

Winter, Gerd, Perspektiven des Umweltrechts, DVBl. 1988, S. 659 ff.

Ziegler, Wolfgang, Das Bodenschutzgesetz des Landes Baden-Württemberg, NVwZ 1991, S. 1154 ff.

Kolibri 360 GmbH
Ferdinand-Jühlke-Straße 7
99095 Erfurt, Deutschland
produktsicherheit@kolibri360.de

Druck:
CPI Druckdienstleistungen GmbH
im Auftrag der
Kolibri 360 GmbH
Ferdinand-Jühlke-Str. 7
99095 Erfurt